你可以不遷就

WHAT COLOR IS YOUR PARACHUTE?

你可以不遷就

你的求職降落傘是什麼顏色？
教你探索個人職涯、化劣勢為優勢的不敗求職指南

WHAT COLOR IS YOUR PARACHUTE? 2017:
A Practical Manual for Job-Hunters and Career-Changers

理查．尼爾森．波利斯（Richard N. Bolles）／著
方慈安／譯

遠流出版公司

目次

那是最好的時代，
也是最壞的時代；
那是智慧的時代，
也是愚蠢的時代；
那是信仰的時代，
也是懷疑的時代；
那是光明的時季，
也是黑暗的時季；
那是有希望的春天，
也是絕望的冬天；
我們的前途有著一切，
我們的前途什麼也沒有；
我們大家在一直走向天堂，
我們大家在一直走向地獄……[1]

——查爾斯．狄更斯（1872-1870）

1 譯註：本段中譯取自許天虹譯《雙城記》（書華出版，二〇〇四年），第三頁。

第一章　求職者面對的新世界

如果你想更認識自己，想知道自己可以為世界做什麼，這本書為你而寫。

如果你現在沒有工作，想得到一些實用的建議，這本書為你而寫。

如果你已經失業很久很久，別人說你大概一輩子都找不到工作，這本書為你而寫。

如果你在貧窮線上苦苦掙扎，這本書為你而寫。

如果你有任何缺陷，這本書為你而寫。

如果你想發展新事業，或是正要找人生第一份工作，這本書為你而寫。

如果你正要上大學，卻不知道該念什麼系，這本書為你而寫。

如果你想知道世界怎麼運作，尤其是職場的世界，這本書為你而寫。

如果你不知道自己接下來要做什麼，這本書為你而寫。

如果你大學剛畢業，因為找不到任何工作而變成啃老族，這本書為你而寫。

如果你想知道如何創業，這本書為你而寫。

如果你快退休了，想知道往後該如何維持生計，這本書為你而寫。

兩分鐘速成班：就業市場改變了多少

大文豪狄更斯說得好：對不少人來說，「這是最好的時代」，但是對其他人而言，「這是最壞的時代」。就業市場的遊戲規則已經改變，玩家卻沒有收到通知，一切毫無預警。正在找工作或是有意轉換跑道的人，更是覺得措手不及。

當前的求職方式已經和以往不同，而且變化非常劇烈。

關鍵轉捩點在二〇〇八年，相信大家都知道那年發生的事：所謂的「經濟大衰退」，也就是一九二九年經濟大恐慌以來最嚴重的金融風暴。我們已經逐漸走出風暴的陰影，但是歷經摧殘的求職市場徹底改變了樣貌。以往行得通的做法，現在不行了；以往輕而易舉的事，現在變得難如登天。遇上這種狀況，我們只能哀嘆：失業，做好履歷書，寄給所有可能有職缺的地方，上所有求職網站找同領域職缺，一天過一天，一週過一週，一月過一月……這整套方法上一次求職的時候還管用啊，但是現在呢？三振出局！通通落空！

還是有辦法的。相信我，真的有。本書就是要告訴你這些方法。不過，在改變戰略之前，必須先瞭解我們面對的新戰場長什麼樣子，所以我先快速介紹一下二〇〇八年之後的變化：

1. 雇主改變了，求職者卻沒變

年復一年，我們求職的時候，總是習慣走幾十年來的老路，無視時局是好是壞。我們找工作始終仰賴**履歷**（電子檔或紙本）、**仲介**（民營或官方的職業介紹所）和**廣告**（線上或實體）。

但是雇主可不會一成不變，時機好的時候，他們會用一種方式找人才，時機差的時候，他們又換一種方式，非常靈活。

如果時局不錯，雇主比較難找到人填補職缺，因此**傾向配合求職者的喜好**。求職者喜歡遞履歷，雇主就會費心徵求履歷，並好好閱讀。求職者想看到徵才訊息，雇主就會把職缺張貼在求職者看得到的地方，通常是公司網頁或求職網站。

真正讓求職者措手不及的，是經濟轉壞的時候。這時失業的人多，雇主更容易找到新人，許多雇主（雖然不是全部）就會改變做法，不再認真讀履歷，也不把職缺公布出來。如果我們還用老方法求職，只會處處碰壁，一無所獲。以前管用的方法突然失效，令人一頭霧水，好比把鑰匙插進開了五年的愛車，卻第一次碰上車發不動的狀況。

當然，我們會假設找不到工作是因為沒有職缺，卻不知道其實職缺是存在的（以美國為例，每個月都有八百萬到一千萬個新職缺產生，這在第三章會更詳細說明），只是雇主改變尋找員工的方式，我們卻沒有跟上進度，配合雇主調整作法。

2. 求職的平均時間大幅拉長

在美國，一九九四年到二〇〇八年間，待業中的求職者有一半能在五週內找到工作，只有十%需要花超過一年。但是，在二〇〇八年後，大約有二十二%到三十%的無業人口必須花一年以上找到新工作，比例大幅增加（根據近期研究，四十四%無業人士在一至三個月間找到工作；十六%花費三至六個月；十八%花費六個月至一年[2]）。

愛操心的中產階級認為這會造成一批永遠翻不了身的底層階級：「再也找不到工作的人」，報紙也出現「長期失業恐怕賠上人生」這種標題。這種說法不一定會應驗，但的確有可能發生，主要關鍵在於個人的求職技巧。你是否還在用上個世紀末的方法求職？還是跟上二十一世紀的腳步？面臨今天的職場，求職方法便足以定生死。

我們只能肯定一件事：有些人就是暫時不想成為勞動力。原因可能是求職過程的挫折、有家事責任、就學中、疾病或身心障礙、得照顧小孩或通勤不便等其他難處。

3. 待在同一份工作的平均時間大幅減少

美國的勞工若在十八到二十四歲間找到工作，六十九%會在一年內離職，九十三%在五年內離職。我們可能會想：「唉，現在的年輕人。」但事實上，勞工在四十到四十八歲間找到的工作，也有三十二%持續不到一年，六十九%不到五年。[3]

二〇〇八年後，就業市場發生了劇烈改變，全職工作（一般定義是「每週工時超過三十五小時」）越來越難找。想找全職，卻不得已正在從事兼職工作的，在美國目前有六百萬人。

因此，許多求職者重新調整自己的目標。有些人轉而尋找短期工作，往往只做完一個專案，諸如此類。

二〇〇八年之後，臨時工和兼職職缺激增，這個類別也包括本來就只想找短期全職工作的人，譬如獨立承包人、兼職顧問、自由業者、契約工等等。[4]丹尼爾．品克（Daniel Pink）在二〇〇一年出版《自由業之國》（*Free Agent Nation*），讓這波趨勢受到大眾注意。就在我撰寫本書的當下，美國兼職工作者共有兩千六百四十七萬兩千人（佔目前整體勞動力的十七．八％），預估到了二〇二〇年，兼職工作者、臨時工、自由工作者——不管名目是什麼——會達到六千萬人，相當於美國總體勞動力的四十％。如今，美國已有五千三百萬名自

2 數據取自 www.pure-jobs.com，二〇一四年十月十六日。

3 美國勞動部勞動統計局經濟新聞稿〈嬰兒潮世代的工作機會、勞動市場活動與所得成長狀況：長期研究統整報告〉（"Number of Jobbs Held, Labor Market Activity, and Earnings Growth Among the Youngest Baby Boomers: Results from a Longitudinal Survey Summary"），二〇一五年三月三十一日。

4 依照美國法律，契約工和臨時工定義不同：雇主可以指定臨時工的工作內容和工作方式；而契約工屬於「獨立承包人」，就表示雇主不能干預。這兩種工作型態的共通之處在於受雇的權益與保障相對較低。

由工作者。

短期雇傭的比例之所以升高，原因你大概也猜得到，是因為雇主想要降低成本。面對跨國經濟與網路競爭，許多美國雇主選擇只在需要時聘用員工，一旦需要的事做完，就趕緊讓員工走人，這種策略比較省預算。不只美國，全世界都有這個現象。更何況，雇主不用給予兼職員工福利，也不用給有薪假。《財星》列出的百大企業中，二十%到三十%的員工都是這種短期工作者，有的是獨立承包人，有的是臨時工，預估在接下來八年內，比例會成長到五十%。其中，資訊科技產業的雇主特別常用專案的方式聘用短期員工。就算是號稱聘用長期員工的產業，也往往會在經濟看似即將轉壞之際立刻裁員。你以為可以維持一份穩定的工作好幾年，因為他們是這麼說的，他們確實也是認真的，但是時機一轉，你立刻又流落街頭，必須再度開始找工作。

4. 工作的方式劇烈轉變

「將近三分之二美國家庭的平均收入低於二〇〇二年。」這句恐怖的話，出自二〇一五年三月六日《華盛頓郵報》的一篇文章。[5]你想找一份給薪很爛的工作嗎？現在有很多呢，舉凡餐飲業員工、農場工人、商店收銀員、家事幫傭、保姆和幼兒照護、安養院和精神療養院員工、紡織業和洗衣業、停車場職員，全部都算。

談得更深入一點吧。經濟學家認為，一份可以穩定維持家計的中產階級工作，年收入應該要在四萬到八萬美金之間＊。在美國，以往這是工廠工人的薪資水準，如今落入這個收入區間的職業包括：金融業（也就是華爾街員工）、企業職員、公司業務員，最重要的是，還有醫療從業人員。預估到了二〇二二年，醫療產業將會有兩千一百萬個職缺。為什麼這麼多？嗯，一個原因是長壽的人越來越多，也就有越來越多人面臨老化造成的疾病，需要醫療照護。

重點不在哪些工作消失、哪些工作增加，而在於**對於工作的想像已經徹底改變**。要在這樣的新世界生存，必須瞭解對於世界的新想像是什麼，尤其是對於職場的新想像。本來完全沒有關係的事物，在新的想像中連結起來。使世界透過超級連結產生關聯的這種新想像，並不是未來某年某月才會發生在某處的事，而是此時此刻就發生在我們周遭。事實上，一個稱為「物聯網」（The Internet of Things, IoT）的新領域已然誕生，這個詞彙是由凱文·艾希頓（Kevin Ashton）在一九九九年所創。根據專家的說法，物聯網預設「所有物體、所有實際存在的物質，都能相互串連，成為終端，可以編排，可以和人類發生互動。」[6]專家預測，到了二〇二〇年，將會有三百四十億到五百億的裝置相互串連。

5 吉姆·坦克斯利（Jim Tankersley），〈二十一世紀對美國勞工是糟糕的世紀〉（"The 21st Century Has Been Terrible for Working Americans"），《華盛頓郵報》，二〇一五年三月六日。

＊譯註：約合台幣一百二十萬至兩百四十萬。

世界未經我們同意就改變了。信口開河的未來學家告訴我們，在不久的將來，機器人將會奪走我們所有的工作，到時候人類對於這個星球的未來只是不必要的累贅。許多人聲稱，人類能做的工作都會被科技取代；但是如果你像我一樣追問專家，他們認為有多少比例的工作會完全被科技取代，得到的答案會是：美國現今所有工作職缺中，只有五％會被機器人、科技設備、電腦程式所取代，最糟的估計也不過是十九％。

再看看全世界的狀況，二〇一六年一月十九日，在瑞士達沃斯舉行的世界經濟論壇預測，二〇二〇年，機器將取代五百萬個人類職缺——以比例而言，這只佔全球三十億勞動力的〇．一％。如果失去工作的是你，這當然很糟糕，但是因此擔心「機器即將全面取代人類」就不太實際了。

機器人和相關科技並不是要取代所有人類的職業，而是負責人類職業中的某部份工作，這表示許多職業將會演變成一種合作關係——人與機械之間的合作關係。

我所謂的「機械」泛指下列人類發明的東西：電腦程式、無線網路、集中型電腦系統或中心、數位電路、掌上型電腦（智慧型手機）、人工智能、晶片與感測器、能夠學習和分享資訊的智能機器人、電晶體、手機、可穿戴裝置、3D列印、新一代電腦晶片、處理器、演算法、驅動器、聲音與影像辨識、人臉表情辨識軟體，還有可以直接或透過集中管理系統相互交換資訊的各種機器等等……簡而言之，「機械」指的是「所有人類發明的東西」。麻省理工學院的科學家把這種合作關係稱做「人與機械共生」。

那我們的工作會變成什麼樣呢？你問。這個嘛，就如前面所說，對於職業的想像已經改變，轉化為人和機器的合作。職場中很大一部份可能要再過幾年才會受到影響，但有些職業已經開始轉變，或是很快就要面臨轉變。現在我們必須重新思索自己的職場生活，並且適應現實，接受未來職業將是人類與機械（如我前面提過的廣義機械）相互合作。

所以，我們必須學習新技巧，以便在新世界求生存。我們要更瞭解自己。想像一下你在荒原上健行，突然遇上一波兇猛的水流席捲過來，你的直覺反應一定是找塊穩固的岩石站好，才不會被水流捲走。同樣的道理，列一張自己的能力清單，能夠讓你在面對席捲而來的轉變時，有一塊堅實的陣地站穩腳跟，本書第七和第八章就會帶你完成這份能力清單。瞭解自己是什麼樣的人、喜歡或擅長什麼、會被什麼樣的事激發思考、在什麼樣的環境中最能發揮實力，這一切在逐漸成形的全新職場至關重要。不要輕忽這個步驟。

接著我們必須自問，在人與機械合作愈來愈密切的新世界，如何找到自己的一席之地？我們得調整對機器人的既定態度，把機械（尤其是機器人）視為幫助自己完成任務的戰友，而非打算偷走工作的敵人。

6〈物體社群網絡〉（"Internet of Things Community"），國際電機電子工程師學會（IEEE）。

只要完成前文提到的能力清單，你應該會找到你真的很感興趣的領域，或真的很想從事的職業。如果有，找一個在該領域工作的人，請求他允許你觀摩一兩天，看看在新的職場世界，這份工作或這個領域的實際內容是什麼。最重要的是，你要熟悉在當今工作舞台不可或缺的演員：機器人和感應器，他們是你的朋友。感應器可說是物品的「聲音」，這裡所謂「物品」也可以指人類的身體，一個物品可能有數個感應器。舉例來說，現在的智慧型手機一般有五到九個感應器：距離感應器、光度感應器、聲音感應器、溫濕度感應器、壓力感應器、加速度感應器、磁力感應器、陀螺儀感應器等等。試著瞭解感應器和機器人是如何被設計、生產、應用、保養、維修，或許你在過程中，會發現你對其中一部份很感興趣，那麼就想辦法接受相關訓練。如此一來，你就不愁沒有工作，因為這些重要的機械會陪伴人類很長一段時間。

5. 求職逐漸變成人生中重複發生的活動

這當然是因為維持一份工作的時間不如以前那麼長了。所以，即使我們現在有工作，未來還是可能需要再找工作，而且會快得超乎預期。多快呢？美國勞工部二〇一五年三月三十一日發表的研究指出，一九五七至一九六四年間出生的美國人，在十八歲到四十八歲之間，平均要換十七．二份工作。[7]找工作再也不是你能夠選擇要做不做的事了，而是生存必備能力。也就是說，你人生中一定要熟練的事，就是學會如何求職、如何在金融風暴後的新職場世界找到工作。

6. 二〇〇八年後，求職越來越倚賴網路

如果你和十三%美國成年人一樣，還沒開始在網路上找工作，等於是在阻礙自己的求職之路。要是你還不會用電腦的話，這年頭最該優先做的事，就是學會用電腦。

網際網路發明之初，求職網站就已經存在了，一般稱作「徵才佈告欄」，雇主會在這些網站張貼職缺求才，過去這些職缺是刊在報上，現在全都在網路上了。

徵才網可分為以下幾類：

1. 搜尋職缺的**搜尋引擎**：這類網站搜羅徵才網、公司公告、報紙等各種媒體的職缺，其中文以「Indeed 搜尋引擎」規模最大。
2. **大型徵才網**。
3. **分眾徵才網**：也就是針對特定產業或領域職缺的徵才網站。

7 美國勞動部勞動統計局經濟新聞稿〈嬰兒潮世代的工作機會、勞動市場活動與所得成長狀況：長期研究統整報告〉，二〇一五年三月三十一日。

4. **企業徵才網**：隸屬特定公司的官方網站。如果你已經知道自己對哪些公司有興趣，這種網站就很方便。

5. **針對特定年齡層的求職網**。

當然，對於要找工作或換跑道的人來說，可用的線上資源並不是只有求職網站。社群網站和其他網路資源越來越普及，LinkedIn、臉書、推特、Instagram、Pinterest、WhatsApp、電子郵件、Skype、Youtube 等等，都能加以利用。求職者和雇主都懂得運用這些資源，如今，求職活動有越來越大的比例是在網路上進行，而且可以透過各種載具操作，諸如桌電、筆電、平板、智慧型手機，以及智能手表之類的「可穿戴裝置」，讓求職的機動性越來越強。

所以，如果你目前沒有工作，而且還不熟悉運用電腦的技巧，也不知道怎麼上網，那麼要在同儕中脫穎而出最好的方法，就是去你家附近的社區大學、成人班、職涯中心上電腦課程。

7. 求職者和雇主說的語言越來越分歧

二〇〇八年後，有個現象日趨惡化，那就是求職者和雇主用的語言越來越不同，儘管表達時常常使用同樣的辭彙。舉「能力」這個詞為例，找工作時，某些雇主可能會用「您沒有我們需要的能力」來回絕你，這時你會想，雇主指的是分析、研究、溝通之類的能力，但其實不是。他們的意思是你缺乏「經驗」，只不過用了「能力」這個詞。雇主寫給自己的備忘錄大概長這樣：「找一個擁有五年行銷軟體產品經驗的人，年紀在二十四到三十歲間。」

求職者應該把雇主的世界當成外國來看待：造訪該國之前，最好先瞭解當地語言和風俗。

這個概念來自一本叫作《人皆可聘》（*No One Is Unemployable*）的書[8]，作者認為人應該把第一次接觸職場當成出國。出國前要做好學習全新語言、文化、風俗的習慣，踏入職場也是一樣，在還沒有工作前，我們應該試著用雇主的角度思考，摸清楚雇主偏好的徵才方式，並調整自己的求職策略加以配合。**換句話說，就是適應雇主的喜好。**

所以，讓我們來瞧瞧雇主的世界。必須說，雇主在這場聘雇遊戲中雖然不至於掌握全部權力，但權力也夠大的了。這就是為什麼很多求職系統都會把人搞瘋——這些系統不是為你我而設計，而是由雇主創設，也只為了滿足他們的需求。雇主住在一個和你我不同的世界，這個世界只存在於他們腦中（所以才說是外國），因而導致以下六項分歧：

8 作者是黛波拉・安潔・麥道高（Debra Angel MacDougall）和伊莉莎白・哈尼・桑德斯－帕克（Elisabeth Harney Sanders-Park），由工作網職訓服務（Worknet Training Services）於一九九七年出版。他們最近的新作是《找到工作的六個理由：雇主未必知道、但絕對在尋找的特質》（*The 6 Reasons You'll Get the Job: What Employers Look for—Whether They Know It or Not*），二〇一〇年由普倫提斯霍爾出版社（Prentice Hall Press）出版。

①**你希望這是一場聘僱遊戲，可惜雇主玩的是淘汰賽，看誰留到最後一局。**大型公司或機構會收到大量履歷，他們第一個動作就是看要先刷掉誰，刷到只剩一個人，就是他們要的。每開出一份職缺，美國公司平均會收到一百一十八到兩百五十份應徵或履歷，但雇主平均只想面試五·四人。所以雇主做的第一件事，就是把一百一十八到兩百五十這個數字砍到五·四。

②**你希望雇主花很多力氣主動找你。**如果他們急需用人，確實會很主動（尤其如果你有應用數學方面的能力），有些公司的人資部門會花上好幾個小時、好幾天，在網路上仔細爬梳，想找到適合的人選。不過大體而言，雇主通常比較喜歡你採取主動，自己去找他們。

③**雇主判斷你是否適任的時候，你希望雇主只考量你過去的成就（列在履歷上的那些）。**但事實上，雇主看的是你的整體行為，以及初次和你互動時觀察到的事情。

④**你希望雇主看過你的履歷會通知你，尤其是如果你直接貼到公司網站上。**可是雇主通常忙著做其他事，所以只有四十五%真的會回覆，剩下五十五%——也就是超過一半的雇主，收到履歷後不會回覆。所以告訴你，他們不是針對你。

⑤**你希望雇主增加職缺，也希望政府透過補助鼓勵雇主開缺，讓你的求職路更順遂。**悲傷的是，雇主往往想等到產品或服務的需求量增加，才多聘員工；此外，大部份雇主不太喜歡拿政府的補助，因為他們知道這種補助金都有時效性，一旦超過期限，雇主就得從自己的

口袋拿錢繼續支付這項成本。

⑥你希望雇主像你努力找工作一樣努力找人才。可惜，雇主找人才的方法非但有別於求職者找工作的方法，甚至是正好相反，就像下一頁金字塔圖呈現的樣子。

為什麼勞資雙方尋找彼此的策略會徹底相反？因為重視的層面不一樣。在求職／求才的過程中，求職者和雇主的主要考量完全不同。

雇主的主要考量是**風險**。

求職者的主要考量是**時間**。

讓我解釋得更清楚一點。

我們求職者希望在最短時間內接觸最廣的就業市場，所以我們重視的是時間，選擇的工具是履歷。我們撰寫履歷或請人代寫，然後期盼只要滑鼠一點，就能把履歷灑到一整片廣闊的土地上。

相對的，雇主最重視風險問題。雇主想找風險最低的人填補職缺，這裡所謂風險，是指**可能搞砸的風險**。曾有普查指出，二十七%美國雇主表示，雇錯一個人會讓公司損失超過五萬美金。[9]為了避免這種結果，雇主會選擇從公司內部聘人，或是盡可能找關係近的人，至少他們的工作態度和表現都已通過雇主（或雇主信任的人）觀察與檢驗。

大多數雇主的徵才方向，和大多數求職者的求職方向徹底相反

典型雇主的找人方式

1 **從公司內部找人填補職缺**：把全職員工升職、把兼職員工轉正、把特約顧問改聘為內部員工或契約工、把派遣工聘為正職。雇主的想法是：「我想聘一個我已經知道工作情況的人。」（對雇主來說風險比較低）

求職者可以怎麼做：如果有想進的公司，設法先以派遣工、契約工、顧問的身份受聘，目標是未來轉正職（但也可能沒辦法）。 6

2 **要證明**：如果要找具備特定能力的員工，就找可以證明自己能力的求職者。

求職者可以怎麼做：如果你是程式設計師，面試時帶一個你設計的程式（要附上程式碼）；如果你是攝影師，帶攝影作品；如果是顧問，帶一份你服務過的案例……以此類推。 5

3 **透過好朋友或工作夥伴介紹**：雇用信任的朋友所推薦的人選（或許是曾替朋友工作的人）。

求職者可以怎麼做：如果你想進某家公司，就要找一個中間人，這個人必須既認識公司內有權力決定聘用誰的主管，又熟悉你的工作能力，也願意介紹你與主管認識。 4

4 **找信任的仲介者**：通常是雇主聘雇的招聘專員或獵頭公司，也可能是人力仲介公司。這兩種人會代表雇主，評估你適不適任。 3

5 **用廣告找人**（刊在網路或報紙等平台） 2

6 **用履歷找人**：如果雇主很急著找人，有時甚至會看求職者主動投來的履歷。 1

典型求職者的找工作方式

之所以形成這個金字塔圖，正是因為不同的價值觀。

解決之道

不過，以上並不全是壞消息，不妨把這些狀況視為一種「挑戰」。

沒錯，自二〇〇八年以來，職場確實改變甚鉅。

因此，自二〇〇八年以來，求職方式產生非常大的改變。

但是先別絕望，這並不代表完全沒有職缺（參見第三章），只是找工作的老方法現在不太管用了。

在現代社會裡，得到工作的人未必是最適合那個職缺的人，而是最瞭解如何爭取工作的人。

只要學會這套與時俱進的求職技巧，你不僅可以在求職戰場存活下來，還能活得有聲有

9 瑞秋・吉列（Rachel Gillett），〈圖解：雇錯人會讓你損失多少〉（"Infographic: How Much a Bad Hire Will Actually Cost You"），《快公司》（*Fast Company*），二〇一四年四月八日。

色。以下是你的救命錦囊，總共十八條，在此我先簡單扼要說明一遍，再用本書剩下的篇幅，一一教你如何實踐。

第一條原則：你有自己的樣子。求職時，你必須在傳統方法和創意方法之間二選一：傳統的策略假設工作是固定的，你要努力改變自己的形狀去適應它；創意的策略則假設你本身具有一個明確的形狀，要找到一個契合你的工作。

第二條原則：重要的是自我剖析。要求職成功，首先要瞭解你自己（參見第八章的「花朵習作」），而非先研究就業市場（有哪些職缺、熱門的職業是什麼等等）。前者的成功率有八十四％，後者成功的機率最低只有四％，最多也不過二十八％。

第三條原則：使用創意求職法，需要時時自問三個問題：什麼？哪裡？怎麼做？這三大問題具體如下：

- **什麼**是你最喜歡用的工作能力？
- 你最想**在哪裡**運用這些能力：在哪個專業領域、什麼樣的工作環境、和什麼樣的人一起？可納入考量的因素包括：你最想在哪裡生活？喜歡怎麼工作？喜歡什麼樣的人際環境？價值觀和人生目標是什麼？想要承擔多少責任？想要多少薪水？

- 要**怎麼做**才能知道你的理想工作確切是什麼職位、找到提供這種職位的工作環境、找出那個「有權力雇你」的人？

第四條原則：尋你所愛，而非尋你所能。找工作時，你擁有哪些能力不是重點，最重要的是想清楚在所有你能做的事當中，你最想運用哪些能力。光有能力不夠，熱情加上能力才是持續做一份工作的關鍵。人對於自己想發揮的天賦與能力，最容易保有熱情。

第五條原則：使用創意方法求職，必須把每次找工作都當成轉換跑道。意思是，你要把先前做過的工作打散成許多小部分，重新組裝起來，形成一種新工作，或是另一份內容相同（但構成要素已經調整了優先順序）的工作。

第六條原則：永遠都要保有優先順序的概念。如果只是隨意列出你的工作能力（特質、經驗、能力、知識），其實沒有什麼意義，排出優先順序才是重點。你找到的工作可能只會有一部分符合理想，所以最好確認那就是你最重視的部分。我設計了一個優先排序表格，讓你可以分門別類一一比較很多項目，排出優先順序（參見本書第七章）。

第七條原則：主動聯絡每個你有興趣的公司，不管他們是否開出職缺。不要老等雇主公開徵才，到時你就必須和一大堆人競爭。

第八條原則：找小企業（員工數不超過二十五或五十，最多一百人的公司）。若想求職或轉換跑道，小公司是最容易接觸的好選擇，對身心障礙者、中年就業、退役軍人而言尤其如此。

第九條原則：如果一間公司有人資部門，盡可能避免透過人資接觸這間公司。人資的主要工作就是刷掉求職者，讓老闆只需要面試眾多求職者中的少數幾人。請記住這個求職定理：**人資＝淘汰**。如果一開始要先由人資面試，注意別說什麼會讓你被刷掉的話，要撐到由「有權力雇你」的人面試那一關。

第十條原則：履歷是找工作的爛方法。雇主在看一大堆紙本和線上履歷時，通常只想著要如何刷掉人，才能把數量砍到能夠面試的程度。因此用履歷求職的成功率非常淒慘，平均每兩百七十份只有一份會得到工作。

你想知道的話，其實有十二種方法可以找到職缺。該問的是：哪些方法成功率最高，哪些最低？這件事少有人深究。相關科學研究難以取得，但過去四十年來，不少文章、調查等等歸納出四種成功率最高的方法：1. 先從瞭解自己開始（成功率是履歷的十二倍）；2. 加入求職俱樂部，按部就班找工作（成功率是履歷的十倍）；3. 用電話黃頁（成功率是履歷的九倍）；4. 直接拜訪雇主，最好是員工數不到五十人的小公司（成功率是履歷的七倍）。

第十一條原則：透過關係人或「中間人」取得面試機會。要取得和雇主會面機會，履歷只是其中一種方法，另一種好方法是透過中間人，直接與雇主連絡，確保與雇主見面的機會。所謂「中間人」必須對你很熟悉，也熟悉你想進的那間公司，如此他才能扮演一座橋，從中連接起你和公司，讓你有機會進去。

第十二條原則：在求職過程中運用以下三種面談。

- 自己做模擬面談，以習慣面談情境：這種方法有時被稱為「模擬田調」，具體做法是訪談和你有相同志趣的人（像是電影、滑雪、電玩、閱讀等等任何嗜好或興趣），目的是讓自己在沒有壓力的情境下，習慣面試的情境，因為這時的你並不是在找工作。
- 生涯面談（又叫諮詢面談）：你無法從書本或網路取得最新、最即時的業界資訊，只能透過面對面的談話來獲得。方法是去訪談正在做你理想工作的員工，瞭解他們的職業生涯，以確認自己是否真的想走這條路。

- 求職面試：直接和一個或多個雇主面談，弄清楚他們想不想要你、你想不想進他們公司。

這三種面試，合起來稱作PIE面談法（P＝樂趣、I＝資訊、E＝聘雇），由丹尼爾．波羅（Daniel Porot）所設計，可參見本書第十章。

第十三條原則：記住，面試時雇主真正想知道答案的問題只有五個。假設你在接受面試，面試官也的確有權決定雇用你，不是某個位於決策鏈底層、只負責減少應徵者數量的人，那麼以下這五個問題你要特別注意。就算他們沒有直接問，你也要盡己所能，在面試時讓雇主知道這五個問題的答案，如此會讓你在應徵者中脫穎而出。

1.「你為什麼來？」意思是：「為什麼你來我們這裡應徵，而非其他公司？你有多瞭解我們是什麼樣的公司、在做哪些事情？」

2.「你可以為公司做什麼？」意思是：「如果我們雇用你，你可以幫助我們處理公司的業務和困難嗎？你有什麼相應的能力？有沒有什麼例子或是過去經驗，可以證明你有這些能力？介紹一下你自己。」

3.「你是什麼樣的人？」意思是：「你能不能融入職場，甚至帶給同事良好的影響？你是大家樂於共事的人，還是從第一天就招人討厭？你是否具備能與人合作的人格特質？你和我們公司的價值觀一樣嗎？還有，你最大的缺點是什麼？」

4.「你和另外十九個來面試的應徵者有什麼不一樣？」意思是：「你有什麼特質，可以證明我們付給你的薪水值得？你有什麼獨一無二、至少是優於常人的特色？你效率很高嗎？很擅長危機處理嗎？工作習慣比其他人更好嗎？比別人更早到、更晚走、做事更仔細、更快、品質更好、更願意付出……嗎？舉出過去的例子或經驗。」

5.「我們請得起你嗎？」意思是：「如果我們決定雇用你，你希望領多少薪水？考量到公司成本，考量到你的薪水不可能超過你的直屬主管，我們是否願意付、也付得起這些錢？」

第十四條原則：注意面試中的時間。

◇**一半一半：**接受求職面試時，一半的時間自己講話，一半的時間留給雇主講。如果你主導整場面談，會顯得太自我感覺良好；如果你說得太少，雇主又會覺得你是有所顧慮才避而不談。

◇**介於二十與二：**求職面試中，你回答每一個問題的長度，最好控制在二十秒到二分鐘之間（雇主很討厭一開口就不知道要停的求職者）。

◇**過去，現在，未來：**在求職面試中，留意雇主所問的問題指涉的時間軸。如果時間從比較遠的過去（「你念哪間學校？」）移往現在（「你現在的目標是什麼？」）甚至是更遠的未來（「你五年後希望有什麼成就？」），通常對你來說是好現象。

第十五條原則：在面試結束時，主動開口請雇主給你工作。如果你已經打定主意要進某家公司，那每結束一場面試，一定、一定、一定要直接說出你想要這份工作。說法很簡單：「今天討論了這麼多，那可以確定讓我做這份工作嗎？」讓你拿到工作的往往就是這句話（我說真的）。是讀者實際告訴我的。

第十六條原則：一定要在面試當天寄感謝函給雇主。要確保你寄給每一個你接觸到的人，電子郵件或手寫／打字信件都可以，最好兩種都寄（只要簡單寫兩三句話就行）。通常這樣做真的可以幫你拿到工作，這也是讀者告訴我的。

第十七條原則：記住，求職本質上是由一長串回絕所組成。面試過幾家公司之後，你收到的回應大概會像這樣：「失敗失敗失敗失敗失敗失敗失敗失敗失敗失敗失敗失敗失敗失敗成功成功成功」。所以，如果對方回絕你，不要直接無限上綱成「沒有一間公司要我」，這個回絕只是一次失敗而已。每次遭到回絕，就安慰自己，你又收集到一個「失敗」，距離盡頭的那一個（甚至是兩個）「成功」更近了。

第十八條原則：一定要有備案。在求職的每一道程序中，備案都很重要，也就是說，你要有一種以上的求職方式，一個以上的求職目標……等等。有些人不太習慣這樣做，但是養成這種習慣能讓你在過程中保持希望。

打起精神吧！求職的世界確實改變了非常多，但你並不是無力面對改變、只能隨波逐流。至少你可以確實掌握一件事：找工作的方法。而且，親愛的讀者，掌握這個方法，不僅可以讓你找到工作，還能找到對你真正有意義的好工作。每個人降生在地球上都是有原因的，你得去找出這個原因。以下就是找出原因的步驟。

得到工作的人未必是最適合那個職缺的人，

而是最瞭解如何爭取工作的人。

——理查．拉斯洛（Richard Lathrop, 1919-2001）

第二章　Google 就是你的新履歷

我知道你在想什麼。**我沒有工作，我要開始找工作，第一件事就是來整理我的履歷。**

是，這想法以前沒錯。

但那是以前。

在網路發明以前。

那時候，面試官認識你的唯一方式，就是透過一張你自己寫好（可能還找朋友幫忙）的紙，那張紙叫作履歷，英文有個比較正式的簡稱是C. V.（currivulum vitae）。

這張紙上，寫著所有你待過的地方、做過的事，雇主得透過這張紙來猜測你現在是什麼樣的人，未來又會成為什麼樣的員工。

站在你的角度，這套方法的好處在於你可以完全掌控那張紙的內容。

你可以略過所有不希望雇主看到的事，所有你覺得丟臉、令你一直後悔的事。

如果他們不請私家偵探調查你，不去詢問你的前雇主，就無法得到太多履歷以外的資訊。

這樣很好。但這樣的年代已經永遠結束了。

早在二〇〇八年以前，就有一種新履歷誕生，叫做Google。現在，所有雇主只要做一件事，就是去Google你的名字（這個字如今既是名詞也是動詞），出來的結果就是你的新履歷了，很廣義的「履歷」。

如果你曾經使用網路（根據二〇一四年的數據，美國有八十七%以上的成人都用過），曾經在臉書、推特、LinkedIn、Instagram、Pinterest、Youtube貼過任何東西，甚至擁有個人網站、直播頻道、相簿、部落格，或是曾出現在別人的臉書頁面上，這些都可能讓你的過去曝光（曝光多少取決於你的隱私設定）。完全掌控私人資訊，在現代已是癡人說夢。

所以，想當然爾，美國幾乎所有（九十一%）雇主都會去看求職者在社群網站的簡介，超過六十九%會根據他們搜尋到的內容回絕應徵者。可能讓你被雇主拒絕的事有：臉書或LinkedIn的個人簡介錯字很多或句子很不通順；任何顯示你在履歷上說謊的資訊；說前雇主壞話；顯示你有種族歧視、偏見、偏激思想的言論；顯示你酗酒或嗑藥的資訊……總之就是各種「不當內容」[10]。

大家很容易忘記一點，就是這種現象也能幫你加分。有時候（精確來說，是六十八%的機率），雇主會因為滿意他們Google到的資訊而雇用一個人。比方說，你在網路上展現創造力和專業能力；能夠在網路上好好表達自我想法；雇主由網路觀察獲得好的整體印象；你在網路上展現出涉獵領域廣泛；從網路上看出你和他人的相處、溝通良好等等。

面對 Google 變成新履歷，有什麼應對方法嗎？當然有，你可以做四件事。這四件事是編輯、填滿、擴散、新增。接著來看看每一項是什麼意思。

1. 編輯

首先，思考一下你在求職時，想讓雇主看見怎樣的你。列一張清單，把你希望面試官看到的形容詞都寫上去：專業？經驗豐富？有創造力？工作認真？自律？誠懇？值得信賴？親切？還有什麼？全部列出來。

然後上網搜尋自己，仔細閱讀搜尋引擎列出來的資訊。檢查你的臉書、LinkedIn、推特、Instagram、Pinterest、Youtube 帳戶內容，如果在和你有關的貼文中，有任何一則違背你想呈

---

10 說到「不當」，一定要記住這個小細節：在 Google、Bing 等等搜尋引擎都有「搜尋記錄」這個功能，會記住所有你透過搜尋引擎查詢過的東西。雖然雇主通常沒辦法取得這種記錄（因為需要你登入搜尋引擎的帳號密碼），而且大部分雇主也沒興趣挖得這麼深，但如果想求安心，可以刪掉部分或全部的搜尋記錄。方法很簡單，如果你的常用搜尋引擎是 Google，可以去 http://google.com/history，登入自己的帳戶。有啦！你的瀏覽記錄出現了。仔細看看記錄，如果想刪除部份或全部紀錄，可以選擇「依日期刪除活動」，或「活動控制項」，就能刪除紀錄和選擇關閉紀錄功能。如果你常用的是 Bing，可以去 https://bing.com/profile/history，用類似的方法關閉和刪除搜尋記錄。

順帶一提，如果你未來不想留下搜尋記錄，可以改用其他搜尋引擎，例如 DuckDuckGo（https://duckduckgo.com/about）。

現的形象，會讓雇主看到之後覺得「呃，還是不要選他好了」，就拿掉。你依據的標準，就是自己列出的形容詞清單。

如果你不知道如何從某個網站移除特定內容，請在搜尋引擎輸入：「如何移除○○（例如臉書）貼文」之類的關鍵字。網站本身可能沒有教學，但是用你偏好的搜尋引擎，應該就能輕鬆找到某個人鉅細靡遺、列出步驟的教學文。

我保證，你不會是第一個有此需求的人，所以一定有某個聰明人已經弄清楚怎麼做，並把做法分享在網路上。不過資訊當然是越新越好，所以也要注意你找到資料的日期，選一個最近的，照著指示做。如果要做得徹底，最好在每一個你註冊過的網站都執行一遍這套流程。

接下來就是修改「Google 履歷」四步驟中的第二步了。

2. 填補

在社群網站上，尤其是LinkedIn、推特這幾個，如果有個人簡介的欄位，就要仔細填寫：每個字都要寫對，最好叫朋友檢查一下。除非真的有特殊理由，否則不要留下空白，每個欄位都要填。

最重要的是，記得時時更新各個網站的簡介，補上最新資訊。每週或至少每個月都要更新，假若個人簡介看起來過時很久，會讓你顯得非常不專業。以下以 LinkedIn 為例，告訴你如何進行「填補」的步驟。

LinkedIn

LinkedIn 為國際最大求職社群網站。在美國，如果雇主很好奇你是什麼樣的人，通常會先上這個網站；企業或獵頭公司想找人又不想公開徵才時，也會先在 LinkedIn 找所謂的「被動求職者」（意思是你沒有主動找他們，而是他們來找你）。當然，你沒辦法確保他們一定找得到你，唯一能做的就是把自己的個人簡介寫得很完整，因為他們都是靠關鍵字搜尋的。

想靠網路找工作的求職者，尤其是希望尋找跨國工作機會的人，應該多多瞭解 LinkedIn，原因如下：

背景：這個網站可說是求職網站界的「瑞士刀」，有很多功能。在我寫這段話的當下，全世界有至少三億四千七百萬人在使用這個網站，其中美國雇主有一億七百萬人，用戶遍布世界各地，都在找他們想要的員工。

最大特徵：每位用戶都有「個人簡介」頁面，你可以利用網站提供的標準格式或範本，寫上任何你希望他人瞭解的內容。

對求職者的用處：如果你聯絡上特定雇主，要知道雇主很可能會先上 LinkedIn 查你的資訊（以及網路上的其他資訊），再決定要不要找你面談或雇用你。

更有效利用網站的方式[11]：別忘了，這是個職場社群網站。如果你正在找工作，不要在這裡貼任何和求職目標不相干的東西（不用我說你也知道，別貼派對、約會、度假之類的內容）。你必須讓自己的個人簡介鶴立雞群，在雇主搜尋時一下抓住他們的注意力。很多方法可以辦到，以下是幾個秘訣：

1.「**照片**」是一定要有的。所有相關研究都指出，少了照片會讓大部分雇主打退堂鼓。如果有照片，個人簡介被瀏覽的機率就提高了十一倍。放一張只有頭和肩膀的大頭照，讓頭臉佔滿照片畫面，注意照片焦距正確、光線充足，這樣的話就算只是用手機照也可以。穿著正式一點再照，記得微笑。

2.在「**頭銜**」那欄，如果你很喜歡現在正在做的事，不打算轉換跑道，但是現在公司給你的職稱和一般招聘經理慣用的關鍵字不同，那就加一條斜槓，在斜槓後放他們常用的職稱。相反地，如果你想換工作，可以在目前職稱的後面，加一條斜槓放上你想進入的產業（這樣雇主搜尋時就會搜到你）。

3.描述「**工作經歷**」時，不要只是條列你的成就或做過的事。LinkedIn 給的空間很大，你可以說一個完整的故事。簡述幾個你過去工作的重要成就，談談你怎麼完成這些事，達成什麼結果（節省時間或成本、增加利潤等等）。還要列出你的能力，光是這個動作，就能讓你的簡介頁面被瀏覽的機率增加十三倍。

4.在「**專業簡介**」一欄，記得提到你覺得自己的競爭優勢是什麼——也就是說，是什麼特質讓你勝過另外十九個也想應徵相同工作的人？要強調你因為這些特質，所以是這類工作的最佳人選（如果你個性比較謙虛，就說「較佳」的人選）。

5.在「**技能**」欄位列出所有想得到的關鍵字，這樣會讓搜尋引擎更容易找到你。如果你不知道該列什麼，可以在LinkedIn上尋找誰正在做你想做的工作，看看他們都用什麼關鍵字，再把相符的部分複製過來。

6.「**新增區塊**」補充你的教育背景、志工經歷、社區服務、參與組織……等資訊。

7.附上「**超連結**」。如果有任何網頁有助於你展現自我，附上網址，比方說：你有沒有部落格（都是發表和你專業有關的文章）？有沒有推特帳號（必須是專門表現你專業的帳號）？臉書個人頁面或粉絲專頁（個人頁面最好不要，除非你的貼文都很有重點、展現專業，假如貼文內容很隨興、私人、主題雜亂，反而可能害到你）？可以錄一段影片，內容是你在討

11 此段仰賴派翠克·史瓦菲格（Patrick Schwerdtfeger）、蘇珊·喬伊斯（Susan Joyce）、艾莉森·道爾（Alison Doyle）、傑森·艾芭（Jason Alba）、丹·迪麥歐紐頓（Dan DeMaioNewton）等等同事提供的意見。

論有關專業的某些議題（最好有明確數據），上傳到 Youtube，再把影片連結附在 LinkedIn。如果你不知道怎麼拍或上傳影片，網路上有一大堆免費教學，會一步一步教你怎麼做。

8. 加入至少一個 LinkedIn 的**社團**，主題必須和你的專業相關。在社團發文要謹慎，不過也要定期發文（尤其是在討論你擅長的領域時），藉此在圈子裡累積名聲和信譽。「社團」就在網站首頁右上方「工作」的圖示裡，完整更新個人簡介後，點選「社團」，再選擇右方「探索社團」，看看網站推薦什麼給你。根據你的專業選幾個社團加入，但要注意，如果你加入一個社團，卻完全沒有貢獻，LinkedIn 有個很聰明的小設計，會在一段時間後自動把你踢出社團，不給事前警告，只在事後發一封親切的通知（你以為 LinkedIn 沒在注意嗎？你錯了，他們有，他們時時注意）。

9. 你可以在 LinkedIn 上呈現讓自己很有成就感的企劃，放些專業活動的現場照片或報告。基本上，每個工作都很重視「盈虧」，所以可以多強調你在以前的職位上做過什麼，分享你如何節省成本或增加利潤。這些當然也可以貼在推特，不過注意一定要先發在 LinkedIn。只要先在 LinkedIn 更新完，再勾選有推特圖示的小方塊，按「分享」，就可以同步更新推特了。

接下來，是你可以做的第三件事。

3. 擴散

意思是擴散你在網路上的能見度。該怎麼做？有幾種方法：

討論區

像 LinkedIn 這類職業社群網站都有討論區或社團，裡面的文章按照主題分類。其他社群網站例如臉書等等，也有針對特定主題的專頁。仔細看這些社團或討論區的介紹，找一兩個和你所在產業或興趣相關的加入，加入之後，要不時發言提供意見，默默展現你是這個領域的專家。但是和你的領域無關時，就不要隨便亂說話。你要塑造的是知識淵博的專業形象，讓雇主在搜尋這個領域的專家時注意到你。

部落格

如果你還沒有部落格（也叫做網路日誌或網誌），去創建一個。不管你的專業領域是什麼都沒關係，創設一個和你在找的工作有關的部落格，並且經常更新。如果你不知道怎麼做，像 Blogger.com 這類網站很有幫助，會給你詳細的教學。話說回來，有數據指出，網路上已有超過一億五千兩百萬個部落格，所以也要想想如何讓你的部落格脫穎而出。

如果你已經有部落格，可是裡面有一大堆亂七八糟沒有重點的東西，那再開一個新的，討論你的專業領域。在部落格發一些對別人有幫助的文章，多講實際的作法，不要只講抽象的想法。假設你是專業的水電師傅，可以發一些解決水電問題的入門文章，像是「馬桶漏水怎麼辦」之類的。一般而言，雇主會比較喜歡強調實際行動的部落格，而非只講一些空泛的原則或哲學，除非這些想法真的達到智庫的水準。

推特

有些專家會說部落格早就過氣了，如今講求精簡再精簡的溝通方式。短訊息變得非常非常流行，所以推特就誕生了，二十三%的美國成人都在使用推特。這個社群網站的優勢是能夠以#製作標籤，其他人便可以直接在Google搜尋這些標籤和「推文」，懂門道的雇主會知道如何上網搜尋推特內容，或利用推特本身的搜尋功能。你唯一要做的是弄清楚該使用什麼標籤，才能讓雇主在找相關專長或經歷的人時找到你。

影片

如今，觀念的呈現越來越偏重視覺。大家想要看見你本人，而非只讀你寫的文字。要做到這一點，其實不需要昂貴的器材。小型數位攝錄影機Flip曾經是最熱門也最平價的錄影器材，但那已經是過去式，你大概也猜到，它被智慧型手機給取代了。現在絕大部份手機都能錄影，有些錄出來的品質出乎意料地好。

至於錄完、剪接完以後，要把影片上傳到哪裡？首選當然是 Youtube，它擁有十億用戶，每天四十億瀏覽量。不過也有其他選擇，可以多參考網路上的資訊與網友評價。

最後，是完成 Google 履歷的第四個動作。

4. 新增

雇主或人資部門 Google 你時，需要花點時間篩選看到的資訊，所以你可以幫他們編排出關於你的重點整理。怎麼做呢？寫一份老式的履歷（想不到吧！），既可以上傳到網路上（讓雇主 Google 得到），也能直接寄給對你感興趣的雇主。

想做做看嗎？我知道你想。以下會教你如何統整關於自己的資訊。

履歷呈現你的過去，所以以下這份概要能夠提供你一種回溯記憶的架構。

撰寫履歷的新手包[12]

想想看有哪些專業或個人能力，是你天生在行或鍛鍊已久的。你最自豪哪些專長？你在人生中或工作上做過什麼別人沒做過的事？拿幾張白紙寫下所有你想到的答案。做這件事的時候，要盡量用實際的數字來表示，舉出日期、比例、金額、省下的時間或金錢、品牌名稱……等等。

- **志工、社區工作、無償工作**

1.你是否替任何組織或公司做過志工或無償工作？例如教堂、猶太會堂、清真寺、學校、社區服務、身心障礙機構等。

- **教育**

2.你在學時做過什麼工作？如果有，任職期間是否得到升遷機會，或完成任何成就？
3.你拿過什麼獎學金？
4.你參加過什麼社團或組織？
5.你拿過什麼學習獎項？
6.你是否拿過很高（等第A或A^+）的成績？如果有，是哪一門課？成績如何？

- **行銷或財務管理**

你當過行銷企劃嗎？如果有，你在這方面有什麼成就？例如：

7. 你是否連續一段時間超過設定的業績目標？如果有，超過的百分比或金額是多少？
8. 你是否在特定月份／季度超過業績目標？如果有，超過的百分比或金額是多少？
9. 相較於公司裡其他行銷專員，你的程度大概在哪裡？例如：「公司行銷團隊二十人中的第三名」。
10. 你的工作是否為公司提高市佔率？如果有，超過的百分比或金額是多少？
11. 你是否為公司拉到重要合作客戶？
12. 公司的重要客戶中，哪些是由你負責推銷或經營？
13. 你的工作是否幫助公司鞏固既有客戶，或是增加新的生意？如果有，超過的百分比或金額是多少？
14. 你是否得過公司內外的任何行銷獎項？
15. 你有沒有什麼行銷點子成功增加公司的銷量？

12 這一節改寫自我的朋友湯姆．歐尼爾（Tom O'Neil）設計的文件，改寫已經取得他的書面許可。他的原版受到紐西蘭著作權法（1994）保護，版權所有 © cv.co.nz 2001。

• 行政、客服、會計

你是否待過客戶服務單位，或是協助管理一個業務部門？如果有：

16. 你是否曾經協助解決客戶的抱怨或其他意見？
17. 你是否曾經設立或改善任何行政體系或程序？
18. 在你加入公司或特定專案之前，到完成專案或離開公司之後，公司或該部門有什麼差異？舉具體數字為例。
19. 你是否曾經把老式行政系統或紙張作業體系，改成用電腦執行的新系統？

• 責任

20. 你是否曾負責採購任何產品或服務？例如機票或電腦資料擷取系統等等。
21. 你是否曾負責管理預算？如果有，規模是多少？例如：「每年負責二十萬元的預算」。
22. 你是否曾負責監督某些員工？如果有，你負責的是什麼部門的員工？要管理幾個人？
23. 你是否曾負責任何正式或非正式的員工訓練？如果有，是以什麼樣的形式？訓練誰？訓練過幾個人？例如：負責訓練十二個新進員工，教他們如何回應客戶意見及使用公司內電腦系統。
24. 你是否曾正式或非正式擔任其他員工的直屬上司或「導師」？

• 活動、會議的籌備管理

25. 你是否籌辦過任何活動或會議？如果有，規模多大（最好註明參與人數和總預算）？在哪裡、何時舉行？

26. 你是否參與過任何大型外派專案？

27. 你是否擔任過對大型供應商的聯絡窗口？如果有，是哪家供應商？

• 電腦

28. 你會操作什麼作業系統、軟體、硬體？桌電、筆電、平板、智慧型手機？蘋果 Mac OS 系統、安卓系統、微軟系統？你對這些項目的熟練程度如何？

29. 你會用什麼軟體？是否開發過任何軟體？手機應用程式？系統軟體？

30. 你架設過網站嗎？如果有，是什麼網站？這網站對你的工作有助益嗎？你是否用過 LinkedIn、推特、臉書、YouTube……等社群網站？如果有，你對這些網站的熟悉程度如何？

31. 在職位需求以外，你是否有其他特殊專案的經歷？

• 機械工程

32. 除了電腦之外，你還會操作什麼機器或設備？一一列出來，並標明你已經學會這些器械多少年。

33.如果你曾經擔任和運輸有關的工作，寫出你駕駛、保養、維修過哪些品牌的交通工具，如飛機、農業機械、卡車、汽車、機械、腳踏車……等。

・**建設、營建、水電**

34.如果你在這幾個領域工作過，列出你完成過哪些案子，每件案子花費多少錢完成。例如：接待室翻新——ABC銀行【奧克蘭總公司】，一百二十萬。

・**一般**

35.你在不同的產業各待過幾年？例如：在時尚業有十二年工作經驗。

36.你是否升遷過？如果有，是在做那份工作的第幾年？升到什麼職位？

37.工作一段時間後，你是否獲得過額外的權限？例如：「擔任接待員，三個月後兼任書記，負責資料輸入及帳款支付」。這些因為你工作表現良好而受派的額外職務，不一定要改變職稱或薪資才算數。

38.公司是否曾找你參與或帶領任何新人培訓課程，或管理發展專案？

39.你是否受指派參與過本職以外的特殊專案，或是自願加入？結果如何？

• 正面回饋

40.你是否曾獲客戶、消費者、主管的書面／口頭表揚或推薦？

41.你能不能舉出讓客戶非常滿意的服務經驗？如果有，你是怎麼知道客戶很滿意？也記錄結果如何，客戶的滿意度對公司有什麼幫助。

42.你是否拿過公司內或業界頒發的任何獎項？例如「服務優良貢獻獎」。

• 會員

43.你是否擔任過任何組織的代表？例如公司裡的職業健康與安全委員會。這些組織要做什麼事？

44.你曾是或現在是任何專業協會的會員嗎？例如國際演講協會、國際獅子會、國際扶輪社等。

• 出版及發表作品

45.你是否有文章、論文、特約撰稿作品登在雜誌、期刊、書籍？如果有，是什麼刊物，在什麼時候出的？你寫過書嗎？

46.你是否曾經在會議中針對特定主題發表演說？擔任過講座的主講人？如果有，你談的題目是什麼？觀眾有多少人？列出活動細節。

• 未來展望

47. 你覺得你能為未來雇主的公司帶來什麼助益？你如何成為公司的「人力資源」，甚至是「人力資源中介者」，而非只是一個乞討工作的可憐蟲？你最擅長解決哪方面的難題？

48. 你認為，相較於其他條件差不多的應徵者，令你脫穎而出的特點是什麼？

這些問題應該能幫你順利開始寫履歷。你可以把這份列表隨意調整成你喜歡的樣子，增加問題或項目，改變措詞，隨便你。

如果你還需要協助，可以上網搜尋「電子履歷的關鍵字」、「履歷範例」、「如何寫履歷」、「寫履歷訣竅」等。你不只會找到免費資源和建議，也有收費服務（例如專業履歷代寫公司），當然還有相關書籍，如果你想深入鑽研可以找來看。

至於什麼格式比較好，這沒有硬性規則。真正該問的是：你是否特別想進某間公司或某種類型的職場？如果有，那個「有權力雇你」的人，會不會被你的履歷說服，決定聘請你？如果答案是肯定的，那麼你的履歷採用什麼格式都無關緊要。

為了更具體呈現我的論點，我養成一個收集「成功」履歷的習慣，這些履歷確實讓某人獲得面試機會，最終得到那份工作。為了好玩，我會在午餐時間把履歷拿給當老闆的朋友看，自己不做任何評論。很多朋友根本不喜歡這些「成功」履歷，他們會說：「靠這份履歷根本不可能找到工作。」這時我會回答：「歹勢，你錯了，這個人已經找到工作了。你應該要說，這個人不可能從『你』手上拿到工作。」

下一頁的履歷足以說明我的論點。這履歷有點年代了，但我還是很愛。

伊傑·戴爾	**郵遞區號、地址**	**電話號碼**

我能說人的語言、機械的語言、管理的語言……

應徵職位	重型機具銷售專員
專業能力	熟知重型機具的操作與保養 能與管理者及專業人士溝通良好 能適當介紹新型機具的改變及新概念……推銷能力佳
經歷	曾領導規模 500 人的組織，進行 85 台重型機具的維護、運送、供貨、訂單優先分配等（1975-1977）
人與機械	建造 12 座現場作業支援結構，指揮 100 人團隊及 19 具重型機具（1965-1967） 手提電鑽操作員，協助大型建案（1956、1957、1958 夏季）
管理	計劃、協商、執行國際級別大規模重機具採購案（1972-1974）
業務	執行兩項重要新式電子系統之客戶驗收 －設備存貨管理及維修零件派送系統（1968-1971） －決策人員訓練系統（1977-1979） 具領導能力……數度受推選或指派為高階主管
學歷	班尼迪克大學學士，1975 年（任班級代表、畢業紀念冊編輯，入選美國大學名人錄） 美國海軍戰爭學院，1975 年（任班級代表，獲榮譽畢業生頭銜） 馬里蘭大學，1973-1974（進修中文） 中階管理培訓課程，1967-1968（班級排名：97 人中第 1）
個人背景	家庭：妻子雪倫，兒子吉姆（11 歲）、安迪（8 歲）、麥特（5 歲）。我和家人預計於 1982 年選在一個山區洲定居，但在過渡期也可接受於外地甚至國外工作。……健康狀態：絕佳。……生日：1937 年 12 月 9 日。……兵役狀況：已服役，美國海軍陸戰隊中校退伍。
小結	我是一個追尋挑戰的人……有豐富經驗，有自信能為公司談成生意，帶來獲利。

雇用這個人的雇主和我一樣，很喜歡這份履歷。但是有一些雇主（在我們聚餐時）看過這份履歷，批評履歷上的照片不好，批評他寫得太長，或是寫得太短……也就是說，如果戴爾先生把履歷寄給我這些朋友，根本無法拿到面試機會。

殘酷的現實是，不論你寫履歷和張貼履歷的方式多有技巧，總會有雇主喜歡，有雇主不喜歡。麻煩之處在於，你可能對某幾家公司有興趣，卻很難摸清他們喜歡哪一種履歷。所以許多使用履歷的求職者，在上傳履歷時只能祈禱：拜託拜託，親愛的神啊，請祢讓雇主喜歡看履歷，也讓我的履歷格式特別吸引我中意的公司雇主。

不管你決定用什麼格式，寫好履歷之後，要盡可能貼在網路上所有你想得到的地方：大型徵才網、著名求職討論區、社群網站的公告區、特定專業的徵才網。

順便說，如果你覺得這一切都太麻煩了，可以利用人力網站上的履歷配送服務，幫你地毯式地將履歷傳送給雇主。這類服務有些需要收費，但我個人認為，不管收不收費，使用配送服務都得靠運氣，你只能盲目地默默等待好運。如果是我，還是會先試著親自動手，不會白白付錢給別人。

要是你決定自己貼履歷，我的建議是：如果你想進的公司有獨立網站，也允許求職者上傳履歷，那就直接去該網站上傳即可。當然，這麼做的前提是你已經想通自己最想去哪裡工作（關於這點，本書後面幾章會進一步談）。在二〇〇八年後的新時代，**我推薦求職者特**

別留意小企業（可以先嘗試應徵員工數二十五人以下的，然後是五十人以下，再試一百人以下）。另外，應徵新創公司（創立不滿七年）也比較容易得到好回音。

如果你已經把履歷貼在想進的大企業或小公司網站，不要堅持苦等對方通知或回覆。你能做的只有上傳履歷，暗自祈禱履歷在對的時間送進對的地點，並且送到對的人手上，也就是那個「有權力雇你」的人。悲傷的現實是，許多雇主根本不看貼在自家公司網站的履歷。

傳統履歷以外的選擇

幾十年來，求職者在寄履歷時都會附上求職信（cover letter）。如今，許多雇主寧可只看求職信，反而不需要履歷。如果你的履歷篇幅較長，這封簡短的信可以總結所有重點。我常常聽成功找到工作的求職者這樣說：「求職信很重要。要寫得和自己切身相關，而且要針對你應徵的工作特別撰寫。有兩次面試，對方都跟我說，是因為我的求職信才找我來。我先去研究我應徵的那家公司……」如果你不知道什麼是求職信，或是不知道怎麼寫，網路是你唾手可得的救星。

另外一個老式履歷之外的選項是作品集，可以是電子檔（用來貼在網路上），也可以印在紙上／筆記本／裝在大展示箱裡（如果你是藝術工作者），展示你過去的成就、經驗、專業訓練、獲得的表揚及獎項。藝術工作者多半都有作品集，收錄作品的範本，你大概已經知道了。不過在其他領域，作品集也同樣管用。

如果不叫「作品集」，我們可以稱這本集子為「我會做與做過的事：證物集」，或是「表現證明集」。如果想知道怎麼準備求職作品集，要放什麼東西進去，只要在搜尋引擎輸入「求職作品集」，就可以找到豐富的資訊和訣竅。

關於「前 Google 世代」舊履歷的溫馨提示

1. 如果你在網路上廣發履歷，請注意內容是否透露出你的住址或工作地點，女性尤其要特別小心。我這樣講不是性別歧視，但我必須悲傷地說，網路上就是有一些變態，腦子有問題的變態。如果是我，會注意不要在履歷上放住家地址或電話，留電子信箱就夠用了。

2. 如果你除了求職網之外，也把履歷寄給特定雇主，注意履歷最好不要只用電子郵件寄出，特別是不要只放附件，沒放在信件內文。很多雇主忌憚電腦病毒，根本不會去開信件的附加檔案（包括你的履歷）。假如你必須用電子郵件寄履歷，最好還是用郵局或快遞寄一份複本。

3.如果你打算用傳統郵件寄履歷給你鎖定的雇主，請特別挑選寫履歷或印履歷的紙張。想像一下這個畫面：雇主面前有堆成一座山的履歷，平均只能花八秒鐘看一份（這是真的，我們確認過），然後要不是把履歷放進「算了吧」那堆，就是「可以再研究一下」這堆。是什麼因素會決定一份履歷被放進哪堆？想不到吧！是紙張的觸感。沒錯，如果是紙本履歷（而非電子檔）的話，雇主對你履歷的第一印象來自手指的觸感，根據拿起履歷時手上的感覺好或不好，他們就已經決定是否喜歡這份履歷了，甚至連讀都還沒讀過呢。通常，雇主自己也不會察覺這點。總之，最好讓履歷摸起來手感好一些，通常用磅數一百以上的紙最好（紙張重量會在外包裝註明）。為了讓履歷好讀，也要確認履歷的排版舒服、字體大小適中（十二或十四號字）等等細節。

4.一份履歷該有明確的目的，至少在你心裡要有。這個目的也可以是藉著把履歷上傳到網路，將和你有關的所有資訊做個整理，如此一來，雇主搜尋你的時候就能找到這份條理清晰的完整資料，不必從其他紛雜的資訊中推敲。

5.如果是要給你鎖定的雇主看，那麼你這份履歷的終極目標，就是拿到面試機會。就這樣。不幸的是，少有人體會這一點，多數求職者（以及許多專業履歷寫手）都認定，履歷的目的是「自我推銷」或直接取得工作。當然，這並非不可能，不過履歷的首要任務還是取得面試邀約，面試現場才是你自我推銷的好時機，到時候，你可以在雇主的面前直接表現自我，不需要透過一張紙。所以，寫好履歷之後，請一句句重讀，用以下標準檢視：「這一段會讓人想面試我嗎？會不會很難懂、很惹人厭，讓我看起來不太對勁？」假如你懷疑某個句子沒辦法達到成效，就把它刪掉。如果你認為那是重要資訊，記得在面試的時候提起。如果某些部份需要進一步解釋，也不要寫在履歷上，到面試現場再解釋。重點是，履歷不是拿來「真情告解」的：「其實我那份工作做到最後很混，所以公司才叫我走，我覺得你們要是聯絡我列的參考人，他們一定會說出來。」如果你基於開誠布公的原則，還是希望告知面試官，那至少別寫在履歷上。把真情告解留到面試最後再講，而且要確信他們會用你，你也想在這家公司工作。

6. 同樣的建議也適用於你表面上看不到的身心障礙。一般而言，最好不要在履歷階段就全寫出來（當然也有例外）。就算是在面試現場，也不要劈頭就討論你做不到的事。先讓面試官的注意力集中在你可以做的事，讓他們明白你可以把這個職位需要的事給辦好。等他們說想錄取你，再把你做不到的部份說出來。

7. 如果你出身於擁有特殊用語的次文化團體（例如軍隊、教會等等），請找人幫你把專業術語轉譯成雇主看得懂的語言，舉例來說，「宣講」可以改寫成「演講」，「督導」可以改成「管理」……等等。

8.如果你沒有特別鎖定哪家公司，只是想把履歷貼上網，對的「關鍵字」就很重要。

9.最後一點，不要在履歷附參考人。我知道有些職涯顧問或履歷寫手不會同意，但我認為最好在潛在雇主已經見過你、和你聊過之後，再提供參考人的資訊。而且千萬拜託，**在求職的任何階段，把某人列為你的參考人以前，務必先知會那個人，取得書面同意**。要注意，如果雇主聯絡你的參考人，通常會透過電話，不會用書面聯絡；但萬一你需要書面推薦信，參考人也答應了，要請他們把推薦信先寄給你，因為你最好先看過信的內容。相信我，不會錯！**不要傻傻假設你會拿到一封超棒的推薦信**。有些你精挑細選的參考人，搞不好坦白到殘忍的地步。舉例來說，參考人未必熟知你的工作狀況，於是也如此實話實說，並且拒絕你的工作能力背書。這種「推薦」雖然很誠實，卻對你沒有半點好處。所以，最好在新雇主看到之前就先被你發現，你才能趕在面試前決定是否採用這封信，還是要毀屍滅跡。

10.以下這點令人很難接受，但你還是得面對：有的雇主就是討厭看履歷。其實也沒什麼好驚訝的，對吧？根據專家研究，八十二%的履歷內含需要額外查證的事實或經歷。在履歷上撒謊，就像傳染病一樣流行。另一個難以接受的事實：有的雇主超愛履歷，但很可惜，不是基於你以為的原因。他們喜歡履歷，是因為這樣能輕鬆節省面試應徵者的時間。別忘了，對雇主而言，聘僱的過程是一場淘汰賽，尤其是很多人應徵的時候，他們看履歷只注意一件事，那就是努力找個理由（隨便都好）刷掉這個人，才能把厚厚一疊履歷縮減到少少幾份，再找對方來面談（大約三至八名）。研究顯示，經驗豐富的人資只花八秒鐘掃視一份履歷（就算是動作很慢的人，也只花三十秒），所以他們幹掉五十個求職者……呃，我是說五十份履歷，只需不到半小時。反之，如果把這五十人都找來面談，至少要花二十五小時。所以囉，看履歷多省事！也難怪雇主會發明履歷這種東西了。

把履歷貼在哪差很多

我再強調一次：你決定把履歷貼在哪裡，會產生完全不同的結果。研究發現，雇主找到滿意的員工前，總共需要面試的人數相當固定，平均五．四人，他們看完所有履歷或申請書之後，就只挑出這麼幾個。所以，為了節省力氣，雇主首先會問自己：「我要去哪裡才會拿到最少份的履歷，篩選準備邀來面試的那五．四人？」幸好，我們已經知道這個問題的答案，因為有人做過研究。[13]

在美國，若雇主把職缺張貼在 Monster.com 或 CareerBuilder.com 這類大型求職網，平均

13 美國徵才網 Jobs2web Inc. 在二〇一一年四月，根據二〇一〇年的一百三十萬份求職申請書與兩萬六千個職缺做出統計。

要看完兩百一十九份求職者投來的履歷，才能挑出邀來面試和最終聘用的人。

若雇主在 LinkedIn 或臉書這類社群網站找履歷，平均要看完一百一十六份，才能挑出邀來面試和最終聘用的人。

若雇主把職缺貼在自己公司的網站，平均要看完三十三份履歷，才能挑出邀來面試和最終聘用的人。

若求職者不是苦等職缺自己出現，而是主動出擊，尋求一份特定的工作，比方說，用這份工作的職稱當關鍵字搜尋，然後寄履歷給搜尋到的每一家公司，用這種方式，雇主只需看完三十二份履歷，就能找到邀來面試和最終聘用的人。

若求職者再主動一點，鎖定一家自己想進的公司，並找到轉介人（請已經在公司裡工作的人推薦自己），雇主只需從十個應徵者裡面，找出邀來面試和最終聘用的人。

小結

好，再回到這個問題：二〇〇八年之後，求職還需要履歷嗎？

答案是不需要，但是也需要。

如果你有在網路上發表東西的習慣，那麼不需要多動一根手指，你就已經擁有某種履歷：Google 就是你的新履歷。雇主要瞭解你，只要去 Google 你的名字，就可以決定要不要聘你。所以，你要搶在他們開始找之前，先把可能被找到的東西整理一下，編輯、填滿、擴散、新增你在網路上的個人資訊，準備好讓他們搜尋。

但這樣做還不夠，還要把關於你的資訊彙整成一份資料，電子檔或紙本都可以。意思就是說，你還是要寫一份舊式履歷，我們二〇〇八年前用的那種。

寫好之後，有兩種作法。第一種是把履歷到處貼在各個網站，道理有點類似以前用圖釘把履歷貼在社區布告欄，讓所有人看見。直接貼上去就行。

第二種作法是把履歷寄給你鎖定的公司，希望履歷為你敲開面試的大門。這時候必須再編輯履歷內容，才能寄給雇主。你要仔細評估每個句子，唯一的檢查標準就是：這句話能不能幫我得到這間公司的面試機會？如果答案是不能，你最好重寫或刪掉這個句子。

因為，接觸單一雇主的最基本概念就是：

履歷最主要的目的，是**讓你得到面試機會**。

面試的最主要目的，是**讓你得到第二次面試的機會**。

第二次和接下來更多次的面試，目的則是**讓雇主喜歡你，決定要雇用你**。當然，前提是你喜歡這間公司，也確信自己能一展所長。

主啊，請賜予我寧靜的心，

去接受我不能改變的事；

賜予我勇氣，去改變能改變的事；

賜予我智慧，去分辨什麼能改變，什麼不能。

——雷茵霍爾德 · 尼布爾（Reinhold Niebuhr, 1892-1971）

第三章　每月新職缺比你想像中的還多

對，我知道這句話和第一章相互矛盾。但事實就是這樣。兩件事都對：求職在二〇〇八年後大幅改變，但與此同時，其實又沒有太大的變化。

為什麼兩句看似衝突的話都是對的？關鍵在於**本質**和**表面形式**之間的差異。

二〇〇八年後，求職的本質仍未改變

表面看來，求職的行為和形式似乎一直劇烈改變，就像第一章和第二章說的那樣。這是因為任何時代的求職行為都依賴當代科技，當新的科技崛起（想想電腦，想想網路，想想智慧型手機，想想數位履歷，想想物聯網），求職行為也隨之改變。但這只是表面。

在所有表面的變動底下，求職的**本質**從未真正改變。求職和人類的天性有關，本質其實很接近我們稱為「約會」的人類活動。兩種活動都是在反覆考慮：「你中意我嗎？」和「我中意你嗎？」如果兩個問題的答案都是肯定的，就進展到下一步：「想定下來試試看嗎？」約會和求職皆是如此。所以，如果觀察本質而非形式，會發現多年來，求職從未改變。

第一個問題：「你中意我嗎？」在求職面試的意義是：「嘿，這位老闆，你想雇一個人做這份工作，這個人還要和你跟其他同事處得來。那你覺得選我怎麼樣？」

第二個問題：「我中意你嗎？」在求職面試的意義是：「你會不會給我能夠充分發揮能力與效率的工作環境？讓我覺得自己有用、有成就感，可以做出一番事業？」

這兩個問題同等重要，也都該問。但是第二個問題更需要強調，應該大字寫出來再加畫底線，因為求職的時候，我們往往會以為所有決定權都在雇主手上，認為他們才有資格問問題，我們求職者沒有權力提出問題——起碼有些老鳥是這麼宣稱的。

但是，仔細想一分鐘，思考為何世界上存在「辭職」這個詞彙，為何有人可以說：「我不幹了！」你會恍然明白，求職和工作這回事，始終是求職者或勞工捫心自問：「我中意你嗎？」萬一你發現「其實我沒那麼喜歡這份工作」或「我實在很討厭這裡」，就會走向辭職的結局。

你真正要做的重大抉擇是，要花三年找出這個問題的答案，還是現在就知道答案——只透過求職（尤其是面試）流程，就弄清楚自己喜不喜歡？

求職其實是一段對話的過程，這是雙向對話，你的意見和雇主的意見同等重要。這個本質從未改變，以後也不會改變。

你沒有自己想的那麼無力

如果你現在沒有工作、正在找工作，確實很有理由覺得自己正在對抗龐大勢力，情勢險惡，毫無希望。你可能屢戰屢敗，媒體上永遠是壞消息，說二〇〇八年以後多少人失業。但是，不要絕望。在當今世界，就算到處都是壞消息和難以對抗的龐大勢力，你的力量還是比自己所想的更大，這份力量未必聲勢驚人，但已經很夠了。我想告訴你一個故事。

幾年前，我做很多諮商工作，不只限於求職方面，有位朋友問我願不願意見一個他認識的人。那人名叫瑪莉，患有一種叫多發性硬化症的免疫疾病，看遍各種醫生：神經科、身心科、內科，你想得到的科都看了，醫生全表示束手無策。我朋友說：「你願意和她見個面嗎？」我回答：「當然，但我不確定我能幫到什麼。」

隔天我朋友帶她來，她動作僵硬地走上我家門前的步道，進屋，坐下。閒聊幾句之後，我切入主題，問她：「瑪莉，什麼是多發性硬化症？」

「我不知道。」她說話的聲音單調麻木。

「那好，」我接話，「我和你一樣，我也不知道多發性硬化症是什麼。但我有一個想法。我認為不管這種病是什麼，它有很大比例會超出妳的掌控，讓妳無能為力。但這個比例不會是百分之百，會有一小部份是妳可以控制的，可能只有百分之二或是五。我們可以往那個方向努力。妳想不想試試看？」她說想。接下來幾週，她的病情逐漸好轉，最後終於擺脫所有症狀（這種病常是一陣一陣地來，不過她這次很長一段時間未再發作）。現在，她肢體不再僵硬，正在紐約當模特兒。

就是這樣，不管你遇到任何情況，不論你覺得多麼崩潰、在強大力量的宰制下多麼脆弱無力，別忘了，有些部份是你可以掌控的，或許只有二％，或五％，但誰知道呢？總歸有辦法的，絕對有你力所能及的部份。而且，往往只要改變那一小部份，就可以扭轉整個局面。也許不像瑪莉的故事那麼戲劇化，但一定有所轉變。

你在求職的時候也並非完全使不上力。或許雇主在整個求職過程中，確實掌握龐大的權力，但是遊戲規則也不是他們說了算。

這件事同樣不會隨時間改變。

當然，你可能會說：「或許以前是這樣，但是現在是非常時期。就算二〇〇八年的金融風暴已經過去很久，薪水好的工作還是很難找，我沒資格東挑西揀，職缺已經夠少了。」

這種想法到底是從哪裡出現的？媒體，就是媒體。每個月，美國都會出兩份報告，統整就業市場現況。通常會有一份是好消息，一份是壞消息。事實上，兩份報告都是美國聯邦政府發佈的，出自同一個政府單位（勞動統計局），媒體卻總是只選擇其中一份報告加以報導、分析、哀嘆——壞的那份。

這份報告在每月第一個周五發佈，少有例外，大眾通常稱之為「最新失業率統計」，不過確切來說應該把它當成「美國在職勞動力規模淨差」；正式名稱則是〈當期人口調查〉（*Current Population Survey*）。拿一個典型月份來看，比如二〇一六年三月，報告顯示就業市場僅新增二十一萬五千個新職缺，與此同時，卻有兩千一百四十二萬五千人需要工作，其中七百九十六萬六千人是失業人口，其他則是在就業市場邊緣掙扎的沮喪勞工，有些是非自願從事兼職，但想要全職工作。這就是壞消息。

不過，相同的政府單位也會發佈另一份報告，和壞消息相隔兩個月。這份報告叫〈職缺與勞動力流動調查〉（*Job Openings and Labor Turnover Survey*），其中說，同樣在二〇一六年三月，五百三十萬人找到新工作，到該月結束時，尚有另外五百八十萬個職缺仍未找到人填補。

你算算看就知道（好啦，是我幫你算）：光是在二〇一六年三月，美國就有超過一千萬個職缺。而且這是一般的狀況，每個月都這麼多。

所以到底發生什麼事？怎麼兩份報告差這麼多？這個嘛，我舉一個數字比較小的例子給你看。

假設我開服飾店，你走進來拜訪我，基於好玩數了數店裡有幾件衣服，知道我有一百件，然後你就走了，一個月都沒來找我。一個月後你再來，又數了數我店裡有幾件衣服，是九十五件。於是你對我說：「哇，你一個月才賣了五件，好慘。」

「不是，」我微笑，「那是因為我把庫存補到架上了。」

你就問：「你補了幾件？」我說：「五十件。」

你停下來算數學：一百加五十減去九十五。「噢，所以你上個月賣出五十五件衣服。」

我回答：「沒錯。」

五件和五十五件。如果你想知道我店裡衣服數量在這個月的「淨差」，就會得到第一個數字；但是如果你想知道我店裡衣服**真正的變動數量**，就會得到另一個差很多的數字。

美國政府兩份報告數字不同也是這個道理，但不是五件和五十五件的差異，而是二十一萬五千個職缺和超過一千萬個職缺的差異。

當然，如果我們正在失業中，內心的困惑會是：「要是每個月都有八百萬到一千萬個職缺，為什麼我一個工作都找不到？」這就是本書接下來要解決的問題。

目前為止的小結

◇**求職不是科學，而是一門藝術**。有些求職者直覺敏銳，天生知道該怎麼做。我們其他人就比較辛苦一點，不過所幸在世界各地都有很多人可以協助你，像是職涯顧問、求職教練等可以提供建議，線上或面談服務都有。

◇**求職一直很難以捉摸**。有時這令人沮喪，因為永遠弄不清楚為什麼有時成功，有時失敗。

◇**找工作或換跑道的方法沒有什麼「絕對錯誤」**。任何一種方法，只要天時地利人和都可能成功，求職技巧的差別只在成功的可能性多寡。不過，最好還是瞭解一下哪些方法比較容易成功（參見第六章）。

◇**找工作或換跑道的方法也沒有什麼「絕對正確」**。每一種方法都可能碰不到天時地利人和，導致完全不管用。再次重申，求職技巧的差別只在成功的可能性多寡。前文提過，瞭解什麼方法的成功機會較大很重要，畢竟找工作需要靠點運氣。

◇**最好把求職活動當成全職工作，全心投入**。如果你沒找到工作，就必須增加投入求職活動的時間。假如你想盡可能節省花在這件事上的時間，也是可以先試試看，但要是行不通，勢必得投資更多的時間。

面試最糟糕的十大錯誤

犯了這些錯，你錄取的機率會大幅下降

1. 只應徵大公司（像是《財星》列的五百大企業）。

2. 只靠自己尋找面試機會。

3. 面試前對該公司完全沒有研究。

4. 讓人資面試你（他們最重要的任務就是找理由刷掉你）。

5. 面試時沒有自己設定時限，待得太久惹人討厭。

6. 讓履歷成為面試唯一的討論主題。

7. 面試只聊自己，以及這份工作能帶給你什麼好處。

8. 舉不出實例說明自己的專業能力。

9. 用乞求的態度面對雇主，希望他們施捨你隨便一個什麼爛工作。

10. 面試完沒有寄謝函給雇主。

第四章　求職面試的十六個小技巧

在每個月出現的千萬個職缺裡尋找工作，或早或晚，勢必會遇上面試這一關。光是聽到「面試」，很多求職者就嚇個半死，其實不需要這麼害怕。面試不只是為了「得到工作」，還有很多種其他功能，所以並沒有這麼恐怖。我現在就能列出求職過程中會遇到的三種面試，這些面試的差異在於**你的目的**，當然更重要的是，**面試對象是誰**：

1. **為了好玩或練習的面試**。這種面試的對象是和你一樣喜歡某件事的人——夏威夷、剪貼簿、旅行、健身、跑步，什麼主題都可以。喔，你說這叫「聊聊」，不叫面試？那好吧，就叫聊聊。

2. **獲取資訊的面試**。對象是正在做你想找的工作的員工；或是資訊靈通的人、產業裡的專家也可以。喔，你說這叫「聊聊」，不叫面試？那好吧，就叫聊聊。

3. **求職面試**。談話對象是雇主，尤其是有權力雇你的人，而不是只想刷掉更多應徵者的人資部門面試官，你要從對方口中獲得資訊。噢，你說這不算「聊聊」嗎？呃，我覺得算啊。

這一章就是要介紹第三種「面試」，或者說是「聊聊」，只不過是在求職時聊。首先，面試不一定會是真的面對面：六十三%的公司表示他們有時會視訊面試，其中多數是透過 Skype。如果你不熟悉 Skype，現在學絕對不嫌晚。安裝程式之後，可以打給朋友試講，讓他評價你的表現，請他誠實評論，不要只是禮貌鼓勵。

還要記住，「面試」往往不只一次。在某間公司決定聘請你（你也真心想在那裡工作）之前，你可能要面試好多次——除非是那種超小型家族企業。

接下來這十六個技巧，是針對在一間公司求職會遇上的所有「談話」場合，最好銘記在心：

談話小技巧＃1

沒有所謂「每個老闆都這樣」。我的意思是，很多求職者去一兩個公司面試了一兩次，就會說些「反正沒有老闆會雇用我／我這種背景／有我這種身心障礙的人」之類的垃圾話。朋友，你結論跳得太快了，也脫離事實。

事實：就算你和兩個雇主（或六個，或十二個）談過，結果他們不想雇用你，那也就只有兩個，或六個，或十二個。單憑他們，絕不能代表社會上幾千幾萬間企業的想法。

事實：「雇主」都是獨立的個體，彼此之間的差異像夜晚與白天一樣大，面對應徵者的態度不同，挑選人才的手法不同，面試的方式也不同，對身心障礙者更是看法不一。你不能根據一個雇主的態度，去預測另外一個。所有說「雇主都如何如何」的說詞（包括這本書裡的）都只是比較簡略的說法而已。

事實：社會上有幾百萬個雇主，他們各自獨立、個性相異、彼此之間毫無關聯，對於員工的要求也大相逕庭。如果你瞭解自己的長處，我保證一定有雇主想要你，除非你骯髒、粗俗、惡名昭彰，聞起來還很臭。就算你很瘋，有些雇主比你更瘋。你得繼續尋找，不管其他人對你的意見如何，絕對有雇主想要雇你。你的任務就是找到這樣的人。

事實：大公司（擁有上百或上千名員工）和小公司（有的定義是員工人數二十五人以下，有的是五十人以下，最常見的是一百人以下）的老闆差異相當大。最主要的差異在於，你通常難以見到大公司的老闆，那個「有權力雇你做理想工作」的人，大概藏在公司中某個不知名的深淵，如果打公司電話，會被轉入語音總機，必須經過十八次複雜的分機轉接。但是，小公司的面試完全是另一種狀況。

事實：在雇用員工這方面，新創公司和老牌公司的差異相當懸殊。一份《時代》雜誌的研究發現，員工不到一百名、創立不滿六年的新創公司，在該年創造四百七十萬個就業機會，相對的，規模相近但創立較久的公司只提供三百二十萬職缺。[15]所以，職缺少的時候，更要專攻小公司，尤其是新創立的小公司。別預設新公司會和老牌公司一樣把你刷掉。

啟示：不要因為面試失敗而喪氣。就像我第一章提過的例子，職涯專家湯姆．傑克森（Tom Jackson）[16]曾經以一句話描繪到處去面試的結果，非常生動：

失敗成功成功

湯姆也說了，在這過程中，你拿到的每一個「失敗」，都讓你離最後的「成功」更近一步（可能還會連續拿好幾個成功）。

談話小技巧 #2

去一家公司面試之前（不論有一場或很多場），一定要事先準備。你可能會很自然地假設，面試時雇主想多瞭解關於你本人的資訊，但其實他們首先想知道的是，你對該公司瞭解多少？所以在走進面試間之前，務必先對公司研究一番。為什麼？因為公司喜歡受人喜歡。要是你不辭辛苦在面試前研究各種公司資訊，相信我，他們一定會非常滿意，對你印象深刻。

所以別忽略這個步驟。有時，你能否得到工作就在這一步之差。收集所有和公司有關的資訊，上網搜尋公司；如果公司有官方網站就去看看，讀網站上的新聞，還要特別留意「關於我們」那一頁的所有內容。最後，詢問你的朋友，看有沒有人認識以前或正在那間公司工作的人，約他吃頓飯或是喝杯咖啡，聊聊公司內部的狀況，再去面試。當然，也有可能你聽過內部八卦之後，就決定不要去應徵。這種事早點知道也好。

談話小技巧 #3

遵守承諾。如果是你主動要求面談，為了讓公司放心，要明確說出你希望他們花多少時間和你談。你是負責決定這場面談長度的人。可以訂一些特殊的時間，像是十九分鐘之類的（二十分鐘聽起來很籠統，十九分鐘就很精確，感覺你確實估算過）。

15 〈經濟簡報〉（"Briefing on the Economy"），《時代》，二〇一一年四月十一日。他們統計數據的最後一年是二〇〇五年。

16 著有《完美履歷：當代終極求職利器》（*The Perfect Resume: Today's Ultimate Job Search Tool*），二〇〇四年出版。

如果他們同意面談，你要誓死遵守這個時間限制。因為這關乎信用，證明你不是信口開河，說到就會做到。如果你的手機可以設定無聲振動鬧鈴，在面談之前先設一個十七分鐘的鬧鐘（這樣你還有兩分鐘收尾），不過，要等你踏進辦公室的前一刻，再按開始計時或啟動。把手機收在衣服口袋或包包裡，可以感覺到振動的地方。過了十七分鐘，鬧鈴振動時，把它關掉，開始為面談收尾，可以說：「我先前說只會借用您十九分鐘時間，為了守信用，現在差不多該結束了。」通常這會讓雇主留下非常深刻的印象！

不過，也不要在面談時一直看時間，在心裡稍微留意就好，注意力還是要集中在雇主和你的談話內容。

在面談最後，一分鐘都不要多停留，除非雇主請求你再談一下，注意是**請求，請求，請求**。禮貌的雇主可能會說：「喔，你已經要走了嗎？」但是可別會錯意，這只是口頭上的禮貌。這時候就親切地告辭離開吧。

當然，如果是雇主找你去面試，那面試長度的決定權就落在他們手上了。

談話小技巧＃4

求職面試就像約會。還記得我上一章說過的吧，和求職最相像的人類社交活動就是約會，不是銷售二手車之類的。這場談話是雙方兩人努力弄清楚彼此是否都想要「定下來」（當然，對方也可能是六個人或九個人，端看雇主派多少人面試你）。這個決定是雙向的，雇主的抉擇固然重要，你怎麼想也事關重大。

對雇主而言，面試是蒐集資訊的過程。無論是一對一或多對一面試，他們的主要目標都是搞懂：「我們中意你嗎？我們希不希望你在這裡工作？你是否具備我們非常需要的能力、知識、經驗？你是否具備我們想要的工作態度？你和我們公司的其他員工是否能合作融洽？」

這部分當然很好。不過，面試同時也是你蒐集資訊的過程——整個求職過程中，你一直在做的就是蒐集資訊。當你坐在面試官對面，你要試著解答這個問題：「我中意你們嗎？我到底想不想在這裡工作？」

有些所謂求職專家會宣稱，面試剛開始就要「行銷自己」，但事實不是如此。太早了，不要一開始就這麼做。要等你獲得所有關於公司的必要資訊，仔細考慮過「我想不想在這裡工作」的問題，得出「想」或是「應該想吧」的答案，再開始全力推銷自己。

讓我再強調一次，對你這一邊來說，這樣的談話有兩個步驟：首先，禮貌詢問和公司有關的問題，決定自己想不想進去工作，然後才進行第二步——表現自己，把自己推銷出去。正因為有兩個步驟，如果你認清第一場面試的目標，就可以減少很多不必要的傷心：第一場面試唯一的目標，是讓你受邀再回公司接受第二場面試。

談話小技巧 #5

他們可能會問的問題，還有你可以問的問題。雇主在面試時，第一個重要的問題就是：「介紹一下你自己。」你對這個問題的答覆，會決定整場面試的命運。所以，以下是你自我介紹得特別留心的幾個要點：

1. 問這個問題是在測試你。他們想看你如何應對沒有標準答案的開放式情境，因為這種無法預料的挑戰，正是我們在人生（和工作）中常常需要面對的。

2. 如果你用問題回答問題，雇主會立刻在心中把你畫一個叉。求職者愛用的答案：「您想知道哪個方面？」正是雇主最討厭的答案。他們會認為，你這麼回答是因為你沒有想法，只想拖延時間。

3.雇主真正想尋求的，其實是另外一個問題的答案。這個他們沒說出口的真正問題是：**「你有什麼經驗、技巧、知識，是我們這個職位需要的？」**這才是你該回答的問題，不是成長背景、品味、興趣之類的個人史。雇主想知道你的工作經歷，尤其是和你面試的職缺有關的經歷。

4.順帶一提，去面試前，可以先想想一個問題：**「這個職位最需要的三種重要能力是什麼？」**如果你想不到，你可以在面試剛開始時提出來。接著，在面試過程中，你就要強調、展現自己擁有這三種能力，很適合這個職位。

5.回到「介紹一下你自己」這一題，雇主會預期你已經準備好這個問題的答案，能夠立即條理分明地回覆（求職教練最愛推薦求職者練習的「電梯演說」就是這個：在搭電梯上高樓這段短短的時間內，完整回答這個問題，事先得演練再演練，直到做夢都會背為止）。

好，還有哪些是雇主愛問的問題？市面上很多針對面試的書，會列出長長的清單，附上陳腔濫調、耍小聰明的建議答案，其中可能包括：

◇介紹一下你自己（我們已經討論過了）。

◇你對我們公司／企業／組織瞭解多少？
◇你為什麼想來應徵這份工作？
◇你會怎麼形容自己？
◇你最大的長處是什麼？
◇你最大的缺點是什麼？
◇你最想從事什麼樣的工作？
◇工作以外，你有什麼興趣？
◇人生至今為止，最讓你滿意的成就是什麼？
◇你為什麼離開上一份工作？或你為什麼被開除（如果是被開除的話）？
◇你覺得自己五年後在做什麼？
◇你的人生目標是什麼？
◇你上一份工作有什麼成就？

這份清單可以一直列下去。不過實際上，你真正要注意的只有五大基本問題，「有權力雇你」的人，最好奇你這五個問題的答案。他們可能會直接問，也可能故意不直說，想從你們的對話去找線索：

1. **「你為什麼來應徵？」**意思是：「為什麼你來我們這裡應徵，不去其他公司？」

2. **「你可以為公司做什麼？」**意思是：「如果我們雇用你，你可以協助處理我們面對的挑戰嗎？你有什麼能力？你對我們公司所處的領域或產業瞭解多少？」

3. **「你是什麼樣的人？」**意思是：「你能不能融入職場？你是否具備能夠與人合作的人格特質？你的價值觀和我們公司一樣嗎？」

4. **「相較於另外十九個或另外九百多個來面試的應徵者，你有什麼不一樣？」**意思是：「你的工作習慣是不是比其他人更好？你是不是比別人更早到、更晚走、做事更仔細、更快、品質更好、更願意付出？還是有其他優點？」

5. **「我們請得起你嗎？」**意思是：「如果我們決定雇用你，你希望領多少薪水？考量到公司成本，考量到你的薪水不可能超過你的直屬上司，我們是否願意也付得起這些錢？」

這些是雇主最想知道答案的問題，**這就是面試重點，雖然整場面試中，雇主可能不會直接問出來**，這些問題仍然潛藏在談話內容的表面之下，藏在談話細節中。所以，只要你能在面試過程滿足雇主對這五個問題的好奇心，就能在雇主心目中脫穎而出。

當然，有問題想問的不是只有雇主。記得吧？對話是雙向的，你也有問題要問。而且（猜到了吧）和雇主的問題幾乎一模一樣，只是形式有點出入。以下就是你在面試過程中可能默默思索的五個問題：

1.**「這份工作在做什麼？」**你想知道公司會交付你哪些任務，才能判斷這些事究竟是不是你想做也能做的。

2.**「在這個職位上做得很好的人具備哪些能力？」**你想知道自己擁有的能力，是不是雇主認為這個職位應該具備的。

3.**「這些是我想共事的人嗎？」**如果直覺告訴你，和這些人一起工作不會是愉快的經驗，不要無視這種感受！你得弄清楚，公司環境能不能讓你百分之百發揮所長？如果答案是不行，就找下一間吧！

4.**「如果我們彼此都很滿意，想要一起工作，我能不能說服他們我很特別，比另外十九個或九百個應徵者還要突出？」**你要在面試前先想好，相較於其他能夠勝任相同工作的應徵者，自己有哪裡不一樣？舉例來說，如果你很擅長危機處理，你是怎麼做的？①仔細紮實？②憑直覺在一瞬間決定？③向領域中的權威諮詢處理方式？看出重點了吧，要強調自己的工作「風格」或「方法」，讓你在這個雇主眼中更為突出、吸引人，這樣才有機會讓他們選擇你，而非其他應徵者（這叫作「自我管理能力」，本書後面會再提到）。

5. **「我能不能說服他們付我需要或想要的薪水？」**要做到這一點，你要具備薪資協商的相關知識（兩個關鍵：必須到面試最後才討論這個問題，通常先開啟這個話題的一方都會講輸）。這在下一章會詳細說明。

第一題和第二題可以在面試直接問，第三題要悄悄觀察。至於第四題和第五題，你要事先做好準備，在面試中遇上好時機才能應變。

另外幾個你可能想問的問題：

◇公司在最近五年內有什麼重大變革？

◇這間公司最重要的價值是什麼？

◇公司裡最成功的員工有什麼樣的特質？

◇你如果在這間公司工作，未來會有什麼改變？

◇你在這間公司的夥伴、同事、競爭者是哪些人？

如果是你主動要求面試，該如何在現場提出這些問題？你可以坦白說出自己為求職做了哪些功課，如何在找資料的過程中對這間公司留下好印象，所以決定親自來談一個工作機會。

以這個做為切入點，就可以自然把話題帶到雇主心中會浮現的那五個問題。

此外，如果你們要討論的不是既有職缺，而是你希望公司為你創設的職缺，這五個問題也會出現（對，又一次）。只不過，此時形式又會有些改變，變成五條聲明，是你對那個「有權力雇你做理想工作」的人做出擔保。

1. **告訴對方，你欣賞公司的哪部份**。

2. **告訴對方，你發現這個產業、這間公司有什麼樣的需求**（還有，不要用「問題」這個詞，除非你先聽到對方使用，因為大部分雇主喜歡聽起來比較順耳的同義詞，例如「挑戰」或「需求」）。

3. **告訴對方，為了滿足這些需求，員工要具備什麼樣的能力，再簡略描述你過去的經驗，證實你擁有這些能力**。現代雇主習慣「行為面試法」，不會對「我很擅長……」這類籠統描述留下什麼印象，而是想要具體實例，想知道你過去實際做過哪些事，由此確定你真的擁有某些能力、特殊知識、自我管理能力（也就是行事風格）。

4. **告訴對方，你發揮能力完成工作時，有什麼特殊之處**。考慮雇用你的雇主會想知道，和另外十九個或九百個可以做相同工作的應徵者相比，你有什麼不一樣。你必須知道這個問題的答案，不僅僅是把答案告訴他們，也要通過面試過程，實際展現給他們看。

5. **最後，告訴對方，從長遠來看，雇用你絕不會是白花錢**。你要事先準備，在面試時展現給他們看，未來你替公司賺進的錢，絕對比公司付你的薪水來得多。要強調這一點！

談話小技巧 #6

每一次面試中，嚴格遵守「50-50原則」。研究結果顯示，大致上，最後得到工作的人在面試時，聆聽和說話的時間比例大約是50：50。也就是說，有一半的時間是雇主負責講話，另外一半才是求職者自己說話。根據研究，沒有遵照這個比例的人多半會被淘汰。[17]至於原因，我的感覺是：如果你一直講自己的事，會顯得沒有考慮到公司的需求；如果你話說得太少，又好像是身份有什麼可疑之處，所以才遮遮掩掩。

談話小技巧 #7

回答雇主問題時，遵守「20秒至2分鐘原則」。研究結果顯示，在面試中回答問題時，

17 這份研究是麻省理工學院一位學者做的，但是作者名字現在已經無法確認。

最好不要一口氣講超過兩分鐘，才能留下最好的印象。[18]有時候，只要二十秒就能給雇主一個好答案。但也不要短於二十秒，否則對方會覺得你「講話含糊」，毫無溝通技巧。

談話小技巧 #8

雇主最主要的顧慮是風險。前面說過，雇主痛恨冒險。他們心裡最介意的一項風險就是「他們聘了你，結果你不行」，如此一來，雇主會損失慘重。在你最愛的搜尋引擎（Google？）輸入「用錯人的代價」，看看搜尋結果，你會發現，聘錯一個人對企業造成的損失，可能是那個人年薪的一至五倍，搞不好更多。

所以，在面試時，你可能會覺得自己坐在那裡嚇個半死，坐在對面的雇主（一個人或一群人）卻百無聊賴、自信洋溢；然而事實上，他們和你一樣焦慮。

雇主的焦慮可能來自以下任何一項原因，或者全部皆是：

1. 雇用你之後，你做不好工作：你缺乏必要的能力或經驗，他們面試時卻沒有發現。
2. 雇用你之後，你大部份時間都不認真工作。

3.雇用你之後，你不斷找各種藉口請病假。

4.雇用你之後，你只做幾週或幾個月，就找到更好的工作而辭職。

5.雇用你之後，你花很多時間才上手，所以公司要等很久才能受益。

6.你和其他員工處不來，或是個性會和老闆起衝突。

7.你只願意做最少的事來混過關，老闆卻希望你盡己所能。二〇〇八年之後，每個老闆都想減少員工人數，所以他們也會希望聘的每個人都達到最高產能。

8.總要有人告訴你該幹什麼，不自動自發。

9.面試時沒發現，你的人品很糟糕，可能個性不老實、不負責任、老是跟人吵架、懶惰、盜用公款、愛講八卦、性騷擾別人、酗酒、嗑藥、慣性說謊、沒有能力，說白一點就是雇主最糟的噩夢成真。

10.（如果你應徵的是大公司，你的直屬主管不是公司最大的人）你讓他們的信譽受損，雇用你的結果是害了整個部門／單位／分公司……不但讓他們丟臉，可能還讓他們失去受更上層老闆提拔或加薪的機會。

18 這份研究是我的朋友兼同事，瑞士日內瓦學者丹尼爾．波羅所做。

總之，雇主想找的人必須能夠為公司帶進足夠的收益，超過他們付出去的薪水。每間公司在日常營運中，都有兩件最在意的事：公司面臨什麼問題（通常他們比較愛講「挑戰」），以及員工及管理者如何解決這些挑戰。所以，求職面試過程中，雇主最想弄清楚的就是：**你能不能成為解決問題的助力？還是你本身就是個問題？**

為了讓雇主安心，在面試之前你要先想像，若是一個爛員工身在你想應徵的職位，會怎麼「搞砸一切」，像是遲到，一直請假，我行我素不管雇主指示……等等。然後，你面試前、面試中、面試後，要透過每個行為舉止和每句話，讓雇主明白你和這樣的人正好相反：面試準時或提早到公司；表現得重視雇主想法（而非自己的想法）；你唯一的目標是「提升公司績效、服務品質、整體水準」。

談話小技巧 #9

求職面試中，小事定生死。好啦，你坐在面試間裡了，也準備好用練習過的方式介紹自己的經歷、能力和知識。可是雇主完全沒在聽，他們坐在你對面，仔細觀察你，想找到任何可以結束這場面試的小事，當然，你這條求職路也會隨之結束。

我覺得這就像準備好對抗巨龍，到頭來卻輸給一隻小小的蚊子，而且開打不到兩分鐘就輸了（慘吧）。

為什麼會這樣？原因很簡單。

最厲害的面試官會憑藉直覺，遵循一條原則：見微知著。他們相信你在「小宇宙」中的所做所為，會反映出你身處「大宇宙」時面對事情的反應。

所以，在面試這個小宇宙裡，他們會很注意觀察你，並假設你現在的行為將反映你在大宇宙（也就是工作）的一舉一動。

他們之所以仔細檢查你履歷上寫的經歷，也是基於相同的原因：見微（你過去的作為）知著（你未來可能的作為）。

所以說，我們要想像蚊子可能飛進來的缺口，想想有什麼事會在面試開始的三十秒到兩分鐘內，就讓那個「有權力雇你的人」心想「但願我們還有其他應徵者可以挑」？

1. **外表和個人習慣**。許多研究都指出，為了更容易得到工作，你最好：

- 看起來剛洗過澡。如果是男性，要把臉刮乾淨或修過鬍子，梳整頭髮，修剪指甲，用一點體香劑；如果是女性，妝不要太濃，頭髮要看起來像剛剪過或整理過，別太老氣，指甲剪過或做點造型，但不要做得像巫婆一樣尖，用體香劑，不要穿太過吸引雇主注意力的服裝——除非雇主本來就愛注意這方面（遇到這種雇主就快逃啊）。

- 要穿剛洗過的衣褲，或有打褶的褲裝，搭配正式的皮鞋，不要穿拖鞋，皮鞋要擦亮。
- 面試前刷過牙、用過牙線，以免講話有口臭。不要讓密閉的辦公室裡飄散大蒜味、洋蔥味、菸臭味、酒臭味或是漱口水味（漱口水味等於此地無銀三百兩）。
- 但不要狂灑鬚後水或香水，搞得你一進房間，方圓五公尺都聞得到。因為有些員工會對特定香味過敏（有些雇主也是）。
- 在看得到的身體部位不要有大片刺青。先說清楚，不是說有刺青就不好，刺青現在也很普遍：電影明星、歌手、舞者、運動員、一般民眾身上都有。這類人體藝術有些面積較小，較不顯眼，如果你刺的是這種，那就不用管這一條。但如果你有看起來像黑道或是比較容易令人反感的刺青，擔心雇主看到刺青會對你觀感不佳，又很想要這份工作，就只好在刺青和（你想要的這一份）工作之間取捨，決定是否除去刺青。

2. **緊張的舉止**。對很多雇主來說，以下是扣分舉動：

- 一直迴避跟雇主四目相交（其實呢，這件事扣分非常多）。
- 握手的力道很虛。
- 面試過程中駝背縮在椅子上，或一直絞手指，或把指關節壓出聲音，或一直玩頭髮。

3. **缺乏自信**。對很多雇主來說，以下是扣分舉動：

- 講話太小聲聽不清楚，或大聲到隔兩個房間都能聽見。
- 回答問題太猶豫不決。
- 只用一個詞回答雇主的問題（對，不對，可能吧，還沒，應該是）。
- 一直打斷雇主講話。
- 貶低自己的成就或能力，或者談到自己的時候一直自我批判。

4. **是否為他人著想**。對很多雇主來說，以下是扣分舉動：

- 對前台接待人員、秘書、（如果約吃午餐）餐廳服務生沒有禮貌。
- 嚴厲批評前雇主和前公司。
- 在面試過程中喝烈酒。如果雇主帶你去吃午餐順便面試，點酒絕對扣分，因為雇主會開始想：「他平常也只喝一杯嗎？還是喝更多？」反正就是不！要！點！就算雇主自己點了酒，你也不要。
- 離開前沒有感謝面試官，或是忘記在當天寄感謝函。某個有經驗的人資曾說過：「寄一封及時、簡短的信，謝謝我花費的時間，同時重述自己的才能（要簡短），會讓我覺得這個人有自信、做事積極，是以顧客為重的行銷員，而且懂得使用科技產品，也熟知遊戲規則，這些正好是我在尋找的特質……我大概要面試十五個應徵者，才會收到一封這樣的信。」

5. **你的價值觀**。對很多雇主來說，以下是扣分舉動：

- 表現得狂妄自大或是咄咄逼人，做事拖泥帶水，無法遵守約定或守時，連面試都遲到。
- 顯得懶散或是做事不積極。
- 一直抱怨或是把錯誤推給別人。
- 顯露不誠實或是愛說謊的跡象，特別是在履歷上和面試途中。
- 顯得沒有責任感或愛偷懶。
- 感覺不愛遵照指示或遵守規則。
- 感覺對這間公司在做的事沒有興趣。
- 顯得性格不穩定，回覆不得體，或有類似的個性問題。
- 其他顯示你個人價值觀的行為。例如：你喜歡面試辦公室裡的什麼，不喜歡什麼；為了得到這份工作，你願意犧牲什麼，不願意犧牲什麼；你對工作熱情與否；你對這間公司瞭解或不瞭解的程度……等等。

- 順帶一提，許多雇主會觀察你是否抽菸，可能在辦公室或午餐時觀察。如果有兩個程度相當的應徵者，不抽菸那位勝出的比率是九十四%，這是西雅圖大學一位商學教授的研究結果。這對抽菸者不是什麼好消息，但是不要輕忽了！

好啦，以上就是求職面試中，在你全心留意巨龍時會殺死你的蚊子。

幫個忙，別寫信告訴我這些標準多小心眼又愚蠢。我已經知道了。我描述的不是世界應該有的樣貌，更不是我理想中的樣貌，我只是說出許多研究呈現的現實，以及這種狀況對你受雇機率的影響。

不過畢竟還是有好消息：你可以殺掉所有的蚊子。**沒錯，你有能力控制、改變每一項要素。再讀一次上面的清單吧！**

談話小技巧 #10

要特別留意當今多數雇主希望員工具備的能力，不管你想做什麼職位都一樣。

他們想找的人是：

- 守時，準時上班，早到更好；到下班時間才離開，甚至留下來加班。
- 做事牢靠，可以信賴。
- 態度好。
- 有動力、有活力、有熱情。
- 不是只為了領薪水而工作。
- 自律，有條理，做事主動，很會安排時間。
- 與人來往共事融洽。
- 懂得有效運用語言。
- 會用電腦。
- 能夠團隊合作。
- 機動性強，能夠應對新情況，針對工作狀態的改變加以調整。
- 可以訓練，好學。
- 以公司的企劃為重，不斷朝著目標努力。
- 有創造力，擅長解決問題。

- 為人正直。
- 對公司忠誠。
- 能夠看見機會、市場、趨勢。

所以，你要證明你符合以上每一點。面試前，坐下來列一張清單，寫出對應每一條的相關經歷，證明你有這樣的特質。

談話小技巧 # 11

在求職面試中，想辦法證明你擁有的能力。舉例來說，如果你是藝術家、工匠或從事其他製造物品的職業，帶一個你製作或生產的樣品去面試，可以帶素描本或作品集，帶隨身碟，拍影片上傳到 Youtube，或是帶照片；如果是程式設計師，也可以帶你寫的程式碼，各種形式都行。

談話小技巧＃12

不要在面試說前任雇主的壞話，就算他們人真的很差也一樣。雇主們有時會覺得彼此是難兄難弟（或姊妹），面試時，你最好想像自己眼前是兄弟會或姊妹會的代表，他背後站著全體會員。說前任雇主的壞話，只會讓面試你的雇主擔心萬一雇用你，你會偷偷說他什麼話。

這是我從自身經驗學到的。有一次，我在面試中說了前任雇主好話，當時我不知道的是，面試我的人已經得知前任雇主對我很糟。所以他對我的評價很高，因為我並沒有批評前任雇主。我對此印象深刻，多年以後仍經常講起。

事先準備一下，說些前任雇主的好話，如果你很確定對方知道你和前任雇主處不好，就先打個預防針，簡單提一下：「我平常和大家處得不錯，但是不知道為什麼，就是沒辦法和以前的老闆好好相處。實在不知道原因，我也是第一次遇到，希望不會再發生了。」

談話小技巧＃13

面試過程中別忘了：雇主其實沒那麼在意你的過去，他們會問過去的事，是想藉此預測如果雇用了你，你未來會有什麼行為。他們當然會擔心啦，我們也會吧？

根據美國法律，雇主只能問和工作需求有關的問題，不能亂問信仰、種族、年齡、性向、婚姻狀況。不過，除了這些以外，你的過去是他們的頭號目標，如果知道門路，他們會想盡辦法問出來。

所以說，在求職面試中，要是雇主問你任何關於過去的問題，回答前要先思考：「他們對未來有什麼擔憂，才會這樣問？」然後針對這項擔憂回答問題，明示暗示都可以。

以下是一些例子：

雇主的提問	問題背後的擔憂	回答時的重點	具體回答語句
「介紹一下你自己。」	雇主擔心自己無法順利主導面試，問出重要的問題。或者擔心你有某些問題，希望你會自己說漏嘴。	你是個好員工，從以前的工作經驗就可以證明。說說你是誰，在哪裡出生成長，興趣、嗜好，最投入的工作經驗……非常簡短的就好。要把回答控制在兩分鐘以內。	描述工作經歷時，用一些表現真誠、帶有正面稱讚意味的句子：「努力」、「一早就到，很晚才走」、「工作成果超乎期待」……等等。
「你想找什麼樣的工作？」	雇主擔心你想要的工作和他們開的職缺不一樣。比方說：他們想找助理，你卻想應徵主管職……等等。	你想找的工作完全就是雇主開出的職缺（但如果你不是這麼想，也別說謊）。用你自己的話複述雇主對這份工作的描述，並強調你有相關的必備能力。	如果雇主還沒有描述過這個職缺，你可以說：「回答這個問題之前，我想先請問這份工作的具體工作內容有哪些？」然後就照著上面那格說的技巧回答。
「你做過這類工作嗎？」	雇主擔心你沒有勝任這份工作的必要能力與經驗。	強調你從過去工作經歷中，學到各個領域都派得上用場的能力，而且也做得很好。	「我學得很快。」「我做什麼工作都很容易上手。」

雇主的提問	問題背後的擔憂	回答時的重點	具體回答語句
「你為什麼離開上一份工作？」或「你和以前的老闆跟同事相處得怎麼樣？」	雇主擔心你和別人處不好，尤其是和老闆。所以也等著看你說前任老闆或同事的壞話，來證明自己的猜測。	盡可能給前任老闆和同事正面一點的評價（但不要說謊）。強調你通常和人相處融洽，就用你對前任老闆和同事的親切評價來證明這點，表現給面前這位雇主看（和聽）。	如果你是主動離職：「我老闆和我都認為我如果去做（描述你的強項）這樣的工作會更快樂，有更多空間去發揮自己的行動力和創造力。」如果是被開除：「平常我跟大家都處得很好，但是就這一次，我跟老闆沒辦法好好相處。實在很難講到底為什麼。」這樣就好，不需要多說。如果你被解雇之後沒有人頂替你，可以說：「我原有的職位被撤掉了。」
「你的健康狀況如何？」或「你以前工作多常請假？」	雇主擔心如果雇用了你，你會常常請假。不過有個消息對你來說很棒、對他們來說很糟：這個問題違法。＊	你還是可以想辦法安撫他們的擔憂。就算對方閉口不提，你還是可以嘗試減輕他們的恐懼。	你可以想辦法在對話中提到：「過去工作時，我的生產力一直都高過其他人。」

＊編註：台灣亦有類似法律規定，雇主不得強迫求職人提供與就業無關的隱私問題，否則違法。

雇主的提問	問題背後的擔憂	回答時的重點	具體回答語句
「可否解釋一下你為何那麼長一段時間沒有工作？」或「為什麼你工作經歷裡有好幾段時間是空白的？」（通常是仔細研究過你的履歷才會問。）	雇主擔心你一旦工作有一點點不順心就立刻辭職；也就是說你缺乏恆心毅力。	你喜歡工作，把逆境視為挑戰，樂於學習應對挑戰。	「在我經歷中空白的部分，是我去上學／擔任志工／仔細思考我這一生的使命／為轉換跑道做準備。」
「這個工作對你來說不會不夠好嗎？」或「我覺得以你的才能和經驗好像不需要做這份工作。」或「你做這份工作有點大材小用吧？」	雇主擔心你會開口要高薪或是別的職位，而且一旦有更好的工作機會就會馬上離開。	只要你和雇主雙方都覺得這是個好主意，你就會繼續在這裡工作下去。	「這份工作怎麼會不夠好呢？至少我不用領失業補助。」「我來應徵也承擔一樣的風險：每個雇主都擔心好員工走得太快，每個員工都擔心雇主會無預警把自己開除。」「我喜歡工作，每一份工作都全力以赴。」
最後一題：「請說說你最大的缺點。」	雇主擔心你有什麼性格問題，希望你在面試階段就講出來，或是不小心透露出來。	你和所有人一樣都有缺陷，但是你不斷努力改善自我，成為更有貢獻的勞動者。	講出一個缺點，但要強調其正面效果。例如：「我不喜歡被過度監督，因為我行動力很強，需要空間發揮，而且我會預先考慮到可能發生的問題，先去想辦法解決。」

談話小技巧 # 14

隨著面試進行，你要悄悄觀察雇主的問題落在時間軸的哪裡，藉此判斷面試結果的好壞。

如果面試進行的方向對你有利，雇主的問題通常會按照以下順序逐漸推移（雖然有時候會很慢）：

1. 遙遠的過去，如：「你上哪個高中？」
2. 最近的過去，如：「請談談你上一份工作的狀況。」
3. 現在，如：「你想找什麼樣的工作？」
4. 最近的未來，如：「你下周有空再來面試一次嗎？」
5. 遙遠的未來，如：「你五年後的人生規劃是什麼？」

抓到重點了吧！如果面試官問的時間點從過去移向未來，就代表你的面試結果可能不錯；反之，如果面試官一直問過去的事，結果可能就不太理想。人生嘛，有好有壞。

如果面試官問的時間點明確指向未來，就是時候深入聊聊這個職缺了。根據專家說法，如果你對公司還不夠瞭解，這一刻就是提問的好時機：

- 請問確切來說您考慮讓我填補什麼職位？
- 如果我做這份工作，我的職責有哪些？
- 您希望我在工作中完成什麼成果？
- 我要承擔哪些責任？
- 我需要和小組一起工作嗎？
- 我的直屬上司是誰？（**要記住，直屬上司的溝通技巧和親切度，往往直接影響員工的工作表現，也決定員工能否保住職位**。說白一點，最近的研究指出，主管的管理品質可能比員工本人的經驗與貢獻更加影響工作成果。）
- 誰負責確保我接受應有的訓練，盡快步上工作軌道？
- 誰負責評鑑我的工作表現？多久評鑑一次？評鑑方法是？
- 先前做這份工作的人有哪些優點和缺點？
- 我可以見見即將共事的同事和上司嗎（如果不是面試官本人）？
- （非必要）如果您不介意，我想請問您為什麼決定在這間公司工作？
- （非必要）您希望您當初進公司工作以前，先對公司有什麼瞭解？

談話小技巧 # 15

在（最後一次）面試尾聲，離開之前，如果你確定自己喜歡這間公司，也覺得他們喜歡你，那一定要問以下五個問題：

1. **「可以給我這份工作嗎？」**我知道聽起來很蠢，但令人震驚（至少令我震驚）的是，有許多求職者只因為敢在面試最後，用自己的話提出這個問題，就得到那份工作。我不知道原因，只知道這是事實。總之，如果你聽完和這份工作有關的各種細節，覺得自己確實想要這份工作，就要開口爭取。最糟的狀況不過就是雇主回覆：「不行。」或「我們需要時間彙整所有面試結果再做決定。」

2. **「您什麼時候會再跟我聯絡？」**如果雇主在面試最後說：「我們需要一點時間考慮。」或「我們會再跟你約下一次面試。」你一定不想就這樣帶著模稜兩可的結果離開，最好當場把時間弄清楚。

3. **「最晚大概什麼時候會通知我？」**如果雇主針對上一個問題先估了一個時間，接下來你要知道的就是：最糟的狀況是什麼？話說，我自己求職時，有一次問面試官最晚什麼時候會跟我聯絡，他直接回答：「不會！」我以為他很幽默，後來發現他是認真的。

4. **「如果我一直沒收到消息，某個日期以後能不能主動和您聯繫？」**有些雇主痛恨這個問題，如果他們回答你的語氣很差，你就知道了。不過，大部分雇主會很高興你幫他們想好保險措施。他們知道自己可能太忙、被別的事情佔去時間，完全忘記跟你的約定。如果是這種情形，這個問題等於是你幫他們多加一層保險。

5.（非必要）**「您認不認識其他可能想要我的能力和經驗的人？」**只有在對方針對第一題直接回答「不行」的時候，才是問這一題的時機。

記下對方的答案，然後站起來，誠摯感謝他們，用堅定的力道握手，就可以離開了。

接下來幾天，要嚴格執行你說過的話，除了寄感謝函之外，不要隨意聯絡公司，直到過了第四題說定的最後期限。如果在那之後你聯絡對方，他們表示還沒確定，那就很有禮貌地重問一次第二題、第三題、第四題。

談話小技巧 #16

每個面試專家都會告訴你兩件事：

1. **每個求職者都應該在面試結束後寄感謝函。**
2. **大部分求職者都忽略這條建議。**

真的，簡直可以說這是整個求職過程中，最容易被忽略的步驟。

如果你想在其他競爭對手之中脫穎而出，就寄感謝函吧，寄給每個你面試當天遇到的人。面試時跟他們要名片，如果沒有名片，就請他們給你名字和電子信箱。記得留秘書的個人資料（他們通常是整個公司帝國的守門人），當然還有面試官的。

如果你還需要別的理由才肯寄感謝函（就算你已經知道這個動作很可能讓你得到工作），以下是另外六個該寄感謝函的原因，尤其該寄給面試官：

第一，你要表現得很會待人處事，所以和面試有關的言行就得呼應這個形象。寄感謝函可以達成這一點，雇主會從你記得感謝他們的舉動，知道你確實很會做人。

第二，感謝函可以幫助雇主記住你，他們一天要面試十幾個人，這招絕對有幫助。

第三，如果公司負責聘人的是一整個小組，裡面只有一個人是你的面試官，那個人在小組開會討論時就有資料可以秀給其他人看。

第四，如果面試過程很順利，雇主似乎有興趣約你進一步談，感謝函等於是向他們再次強調，你也有興趣進一步談。

第五，寄感謝函讓你有機會更正面試留下的任何錯誤印象。面試時忘記說但又希望雇主知道的事，可以寫進感謝函裡，也可以從面試的討論中，挑出兩三件你特別希望他們放在心上的重點寫進去。

最後一點，如果面試不順利，你也不想進那間公司工作，可以寄感謝函表達「謝謝，再見」。別忘了，雇主也會得知其他公司開出職缺，或許你在其他公司有機會。感謝函裡可以提到這個，請他們不吝告知你任何資訊，如果你的面試官是個好心人，搞不好真的會給你額外情報。

小結

求職沒有什麼神奇祕訣，每種技巧都不是包準管用。我常接到求職者的回應，說他們很小心留意我講的所有訣竅，也變得很會應付面試——卻還是找不到工作。他們說，很想知道到底哪個環節出了問題。

有時候，這是因為徵才的篩選過程有好幾關，有些你看得到，有些你看不到。在看得到的那幾關，或許你都表現得很好，但看不到的地方就不一定了。

還是想不通你為什麼沒被選中？悲慘的是，其實呢，有時候「你什麼都沒做錯」。我不知道機率多大，但我知道這種事真的會發生：有些雇主會對求職者耍賤招，假意請你面試，但那個職位已經內定給其他人了。也就是說，從面試的一開始他們就不打算雇用你——完全不考慮！

你因為得到面試機會而興高采烈，卻萬萬沒有想到，負責面試你的經理有位朋友，他已經答應要把職缺給那個人。可惜有個小問題：政府提供這間公司補助，規定必須公開徵才。所以，這個經理必須假裝面試十個人選，其中包括他的朋友，表示他真的有為這個職缺公開徵才。但是，他早就打定主意要回絕其他九個應徵者，把職缺留給朋友，你就是被選來當其中一個被回絕的應徵者。

所以你當然百思不得其解，不明白自己為什麼被淘汰。問題是，你永遠料不到真正的原因。

另一方面，也可能沒人陰你，你一次又一次被回絕，是因為你的確在面試過程中犯下重大失誤。雇主不太可能直接告訴你，不會說你落選的原因是「你面試的時候太傲慢太跩了」之類的。你只能在一片黑暗中茫然摸索。

如果你敢，不妨試試看一個策略：要是你面試時有很多個面試官，記住那個最和藹可親的人，他可能願意幫你。只是「可能」而已。

你可以打電話去，等對方想起你是哪一位，再提出以下的問題（記住要強調你是想獲得一般建議，不是針對這間公司，只是為自己的未來做打算）：「我想問問您的意見。我去不同公司面試過好幾次都被刷掉，由您的角度來看，是不是我面試時犯了什麼錯，所以拿不到工作？我很想聽聽您的想法，希望可以藉此改進，往後在面試就能表現得更好。」

大部分雇主都會迴避這種問題，如果他們有法律顧問，絕對會建議他們不要回答。因為一，他們不想被告；二，他們不知道你會有什麼反應。某個退役軍人告訴過我：「以前我覺得應該對所有人講真話，現在我只對承受得了的人講真話。」

不過偶爾你會運氣好，遇到一個有同理心的好人，願意冒著風險告訴你真話，相信你可以善用這些建議。如果你遇到了，無論對方說出的真相多麼不堪，都要打從心底真誠感謝對方。因為，聽好了，這種建議正是你改變面試策略最需要的，如此一來，你才能在未來的面試中求勝。

如果沒有遇上願意給你意見的雇主，你可以找一個職場上的好朋友扮演雇主，和你來一場模擬面試，看看對方是否找出你犯了什麼超明顯的錯誤。

如果這些辦法都不管用，我會建議你去找按鐘點計價的職涯顧問，相信他們的專業，讓他們幫你模擬面試，認真聽取建議（畢竟你也是付了錢的）。

面試和其他求職步驟一樣，進步的秘訣就是找出你自己可以掌控的部分，就算那個部分只有二%，也可以帶來改變！

對了，如果你成功得到工作，就要立刻開始養成習慣：每週紀錄你在工作上的成果，可以趁周末寫下來，職涯顧問很推薦這個小習慣。累積夠多紀錄之後，你可以把一年的成果整理成一頁，要談加薪或升職時，就可以拿出來給主管看。

面試十誡

藉此大大提升求職成功率

1. 先應徵員工數低於二十五人的新創小公司，因為這些公司開出的職缺佔職缺總數三分之二。如果都落空，再擴大範圍，找五十人左右的中型公司；還是不行的話，再找一百名員工的公司。
2. 要得到面試機會，需要大概八十個朋友或認識的人相助。求職就是需要八十對眼睛、八十雙耳朵的大事件。不過，在此之前，自己要做好功課，才有辦法告訴別人你想找什麼樣的工作（參見第八章）。
3. 關於面試官人選，確定想進的公司之後，最好找出誰有權力雇用你做這份理想工作，然後透過中間人（同時認識你和對方的人）替你引薦，可以用 LinkedIn.com 等網站找中間人（參見第九章）。
4. 面試前，要做足功課，可以用諮詢面談（參見第九章）配合網路，盡可能蒐集該公司的資料。
5. 試著規劃面試流程，列出你好奇的事、想問的問題，藉此瞭解這份工作適不適合你。面試時實際問這些問題，會讓雇主印象深刻。
6. 如果是你主動預約見面，請他們留十九分鐘給你就好，嚴格遵守自己訂下的時間，注意看錶。
7. 回答雇主問題時，每個問題只花二十秒至兩分鐘回答。盡可能簡潔，不要因為緊張就東拉西扯。
8. 注意你的立場，你不是乞求工作的乞丐，而是提供資源的人才，比起其他在那個職位上待過的人，你的工作成效更好。
9. 面試最後直接開口要工作：「我們今天討論了這麼多，能夠把這份工作給我嗎？」薪資討論必須等對方開口確定要你再進行，否則毫無意義。
10. 切記，面試完的當天晚上要寫好感謝函，隔天一早寄出。

許多學生花了超過四年

學習如何從圖書館或其他管道挖掘資料，

卻往往沒有想到要為了自己

運用這些資料蒐集技巧，

搜尋自己感興趣的公司、職業類型、工作地點。

——亞伯特 · 夏皮羅（Albert Shapiro），

俄亥俄州立大學教授，一九八五年

第五章　薪資協商的六個秘訣

薪水。

經過面試，如果雇主決定雇你，你在同意接下工作之前，絕對要談薪水。

我希望你已經知道這一點。我記得曾和一個高中剛畢業的孩子聊過，那時她剛得到第一份工作，高興得喘不過氣，我問：「他們要付你多少？」她好像嚇了一跳，說：「我不知道，我沒有問。應該會給我合理的薪水吧。」老天啊，她收到第一張薪資支票時，徹底體會到現實的殘酷，上面的數字奇低無比，她簡直不敢相信自己的眼睛。她從這個痛苦的經驗學習到一點，各位讀者也應謹記：接受一份工作之前，**一定要問薪水**。

當然，問了之後就要協商。

就是「協商」這個步驟使我們心生恐懼，許多人覺得自己還沒準備好協商。

如果你也是，不妨盡量放鬆心情，其實並沒有那麼難。

雖然認真說起來，這整本書都算是和協商有關，但是基本上，你只需記住六大祕訣。

薪資協商秘訣一

在面試到達最後階段，對方明確說了要你，才能進行薪資協商

「面試最後階段」很難解釋清楚，就是雇主說出或在心裡想著「就是這個人了！」的那一刻。這個時機可能在初次面試就來臨（代表不會有更多面試）；也可能要經歷一連串面試，分別（或同時）和不同職位的面試官談過，才會來臨。

先假設你面試很順利，不管是過了一次、兩次、三次……好幾次面試，你確定自己喜歡這間公司，對方也喜歡你，這份工作感覺快談成了。這個時候，唯有在這個時候，才能開始談每個雇主心裡都存在的那個問題：**雇這個人要花我多少錢？**還有一直壓在你心上的這個問題：**這份工作支薪多少？**

如果雇主很早提起薪資，面試剛開始就（狀似隨意地）問：「您理想的薪水是多少？」你最好事先預備這三種回答：

回答1：如果雇主看起來人不錯，最適合也最有技巧的答案大概是：「您還沒決定雇用我，我也還沒確認我的能力可以協助公司的業務或計劃，所以現在談薪水感覺有點早。」

通常這句話都管用，但也可能會失敗，這時候：

回答2：雇主可能在面試前兩分鐘，就堅持要知道你期望多少薪水。這不是好現象，尤其在二〇〇八年後，許多雇主變得特別挑剔，因為他們覺得求職的人太多了，可以盡情挑選。遇到這種情況，你可以說：「我有個預期的數字，但我想先請教您，這份工作的具體內容是什麼？」

這個回答應該能成功轉移話題，假如還是失敗，你只好：

回答3：要是雇主態度轉趨強硬，說：「哎呀，不要廢話，你要多少薪水？」好吧，那就這樣，你必須老實說。但不用給明確的數字，回答大致範圍就好，例如：「我在找月薪八到十萬之間的工作。」

如果這個答案仍然無法讓雇主滿意，表示他心中沒有講價空間，他預設的薪水只有一個數字，毫無轉圜餘地。[19]這種事確實可能發生，因為自二〇〇八年以來，許多雇主乾脆把薪資當作該雇用誰的主要考量，甚至是唯一考量。以前就有這種觀念：**若兩個候選人條件相當，自然是選願意拿比較少的錢幹比較多事的那個。**就是這麼回事！

19 有個求職者說，他的面試每次都是從討論薪水開始，不管回答什麼，面試都會就此結束。原來，這位求職者是用電話進行所有面試，這就是問題所在。後來他改成當面面試，薪水就不是整場討論的頭一件事了。

如果你遇上這種狀況，或許會覺得還是不要進這家公司好了，畢竟如果薪水不能談，天知道接受這份工作之後，還有什麼事不能談？這是一個警訊，以小見大。

但話又說回來，要是你身無分文，非常需要這份工作，只要有工作就好，那你別無選擇，只能接受。就問雇主他們能給多少，再決定要不要答應（當然，你不用當場下決定，可以說「我需要時間考慮一下」，以便晚一兩天給答覆）。

不過，以上都是最慘的情況，通常你的運氣不會這麼差，不至於這麼沒得挑。

當今大部分面試中，無論面試官是單人還是一個團隊，都傾向把薪資協商留到確定雇用你（你也確定想為他們工作）之後再談。在這樣的前提下，是有協商空間的。下一個秘訣就會解釋為什麼。

現在，先把第一個秘訣說明清楚：除非以下條件全部滿足，否則**不要討論薪水**對你來說是最好的——

- 對方認識了你，看見你最好的一面，知道比起其他應徵者，你是更好的選擇，也就是說，值得付出比雇其他人更多的錢雇你。
- 你已經瞭解這家公司，越詳細越好，並且決定你到底想不想在這個地方工作。
- 你已經瞭解這個職位的工作內容。

- 對方發現你真的非常符合這份工作的能力要求。
- 這已經是在該公司最後一次面試。
- 你已經確認：「我真的很想在這裡工作。」
- 雇主已經明確表態，比如說：「好，我們想和你共事。」更好的狀況是——
- 雇主說：「我們一定要請到你！」

用圖像的方式呈現，就是以下圖表。

總歸一句，如果你面試的表現非常好，最後公司可能願意付出比他們預

薪資協商的時機

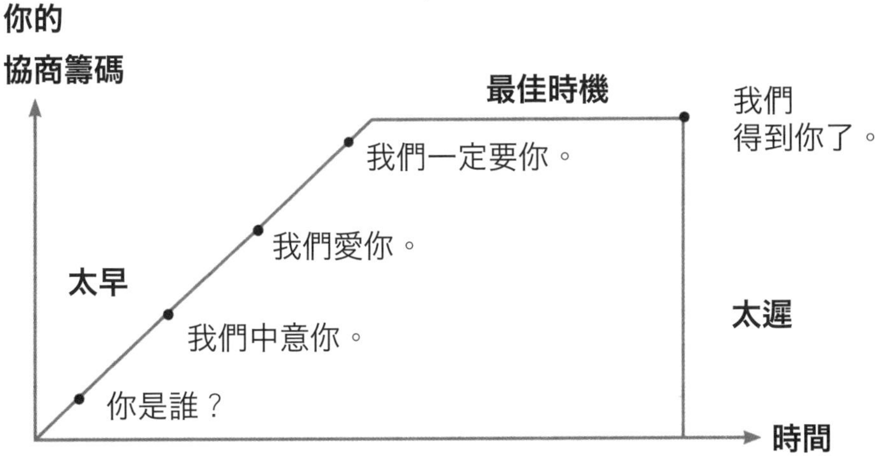

此圖經保羅·賀爾曼（Paul Hellman）同意轉載。保羅現為工作業績諮詢公司 Express Potential 總裁，著有《準備，鎖定，你錄取了！》（*Ready, Aim, You're Hired!*）。版權所有。

設更高的薪水，特別是假如面試結果真的很棒，他們會下定決心留住你。

薪資協商秘訣二

薪資協商的目標是問出雇主願意出的最高價

協商。在大多數求職者或轉職者心中，這個詞儼然是恐怖的代名詞。為何需要協商？原因很簡單，要是每個雇主都在面試一開始，就老實說出他最高肯付多少薪水，那麼根本不需要協商。有些雇主確實會這麼做，然後薪資協商就結束了。但大多數雇主不是如此。他們在面試一開始，就清楚自己願意付出的最高薪水，但是，但是！他們也希望花更少的錢請到你，所以他們剛開始出的價碼（像拍賣在喊價一樣）通常比真正願意付的要低。

因此，可能的薪資就變成一個範圍，這會介於他們希望談成的最低價，和付得起的最高價之間。這個範圍，就是整個薪資協商的重點。

舉例來說，如果雇主可負擔的最高價是時薪三十美金，但想要盡可能讓你同意拿時薪十八美金，範圍就是十八至三十之間。

你絕對有權爭取雇主付你高薪，也就是範圍中的最高價。

你們雙方的目標都有理。雇主的目標是盡可能省錢，你的目標是盡可能靠這份工作獲得更多的錢，以支應生活所需。

薪資協商秘訣三
在薪資協商時，不要當先報價的那一方

如果你成功避免薪水這個話題太早出現，等到終於該討論薪資時，你也要盡己所能，讓雇主先提出具體數字。

為什麼？沒有為什麼，只不過根據多年的觀察，當協商雙方有利益衝突（你希望雇主給越多越好，雇主希望付越少越好），通常是先提價的那一方會輸。你可以慢慢觀察到底為什麼會這樣，可能的假設有十幾種，但唯一確定的是，這個法則是真的。

經驗不足的雇主／面試官多半不知道這條詭異的準則，不過有經驗的人會善加利用。換句話說，他們會試圖讓你先開數字，方法是看似隨意地問你問題，像是：「你理想的薪水是多少？」

哇，他們人真好，還問我的意見——你可能會想。錯、錯、錯，完全不是因為人很好。

他們只是希望你先說一個數字，因為他們從過去一萬次面試中學到，這樣才會談贏。

如果他們要你先表態，有個非常簡單的反問句可以用：「呃，您開出這個職缺，一定也考慮過這個問題，我想先瞭解您預計的薪資是多少。」

薪資協商秘訣四

面試前，仔細研究這個專業領域以及該公司的員工一般領多少薪水

如我所說，只要雇主沒有開門見山說出他們能給的最高薪，而是先給一個比較低的數字，就需要進行薪資協商。

接下來是最重要的問題：你怎麼知道雇主開出的數字只是起價，還是最終價碼？答案是：事先研究你的專業領域和那間公司，再去面試。

喔，拜託！也太麻煩了吧！我可以聽到你這樣說。一點也不麻煩，想在薪資協商中獲勝就得這樣。要是你太懶或決定得太倉促，沒有收集好必要資訊，就會遭受金錢上的懲罰。說白一點：如果不認真研究，最後損失的是你！

假設你花一到三天，把三到四家你有興趣的公司調查清楚。再假設你順利來到面試最後

一關，因為做了這些功課，你得以開口要求更高的薪水，最後拿到的年薪，搞不好比本來他們想說服你接受的高出五十萬。

也就是說，因為你事先認真調查，所以光是工作前三年，就能多進帳一百五十萬元。這麼說起來，花個三天功夫不算辛苦吧，何況還可能賺更多。

當然，現實未必真的這麼理想，但是我的確認識不少想求職或轉職的人，都因為做過功課而受益，所以這絕對值得你花力氣。

那麼，這種調查要怎麼做呢？有兩種方法，一種是用網路，一種不是，以下逐一介紹。

線上薪資調查

如果你可以在家中、圖書館、網咖等地方上網，想要找到特定地區、職業、職位、產業的給薪狀況，或甚至針對某一間公司調查，以下是幾種可能幫得上忙的網站：

1. 專門蒐集薪資報告的網站，一般會按照職務類別加以統計。
2. 政府所發表的每年或每季薪資調查。
3. 求職網站，通常會提供各職缺的薪資情報。

如果你搜遍各種可能的網站，看遍所有找得到的資料，卻沒什麼幫助，只能再精明一點、再辛苦一點，靠自己的雙腳了。

不靠網路的薪資調查

好，沒有網路該怎麼做薪資調查呢？有個非常簡單的原則：**拋下書本，開口問人**。書本和圖書館只能當成次要或最後手段。從真正在做某份工作的人身上，可以得到更完整、即時的資訊，問你想進的公司、或是別間公司同樣職位的員工都行。

如果你不知從何找起，可以從附近的大學下手，找到訓練這些從業人員的人，不管他們身處哪個科系。這些老師和教授多半瞭解學生畢業後賺多少，當然你也可以直接訪問職場。

舉幾個實例來說吧。

實例一：速食店。你可能不必做任何調查，他們給的價碼很公開。你只要走進店裡說要應徵，然後和人事經理安排面試。經理通常會直接告訴你薪資，毫無保留，因為這種店的薪資多半是固定的。至少你不用花什麼功夫調查。順便說，填了求職申請書，還參加面試，不代表你一定得接受那份工作——你應該知道這件事吧。只要說：「我回家再考慮一下。」就可以婉拒所有你不想接的工作，所以這個方法對你沒有損失。

實例二：建設公司。這是一個很難直接找到薪資行情的例子。如果你想應徵某間建設公司，又想在面試前先弄清楚薪水，最好的調查方法，就是先找另一家你比較沒興趣、但是位於同城鎮或地區的建設公司，打聽裡面的員工拿多少薪水。如果你不知道可以問誰，不如直接應徵那家公司，詢問人資現在（或以後可能）有什麼職缺，這種時候，問對方薪資多少就很合理。調查過你不太中意的公司之後，就可以回到你真正喜歡的那間公司，前往應徵。此時，你還是無法確定他們會給多少薪水，但至少心裡有底，知道他們的競爭對手開多少——差距通常不會太大。

實例三：一人（當然是除了老闆之外）辦公室，比方行政助理。通常你在報紙求職廣告欄觀察個一兩週，就會知道這種工作的給薪，前提是你還在看報紙！這類廣告大部分不會提到薪水，不過有些還是會。收集提到薪水的廣告，注意觀察最低薪是多少，最高又是多少，看看廣告中是否提到為何多給或少給。光靠看報紙就能大致瞭解行政助理的給薪，實在有趣。我之所以知道，是因為我許久以前也當過行政助理。

實際和人交談就能瞭解很多，但還有另外一個方法可以調查。如果你目前沒有工作，有大把的時間，可以進人力派遣公司，讓公司把你派遣到不同的公司工作，越多間越好。做薪資調查，最容易的方式就是身在公司內部（留意那間公司付多少錢給仲介，而不是仲介抽成之後付給你的價格）。如果你當派遣工的過程很得人緣，公司員工會願意回答很多你提出的問題，當然也包括薪水。

薪資協商秘訣五

調查雇主心中可能的薪資範圍，然後訂出自己的薪資範圍，你的數字必須依據雇主的範圍來訂定

好，我知道聽起來有點複雜，而且你可能也沒心思做這麼繁瑣的事。但是最少最少，你得知道怎麼做，以防萬一。

首先要先訂定自己的目標，你調查的目的不是找到一個確切的數字。還記得吧：要訂出一個「範圍」，從雇主想付你的最低價，到雇主願意付的最高價。如果是員工超過五名的公司，這個範圍相對比較容易確定——你的薪水會低於你的直屬上司，並高於職位在你底下的人。舉例來說：

直屬下屬賺多少	直屬上司賺多少	你的可能薪資範圍
月薪四萬五	月薪五萬五	月薪四萬七到五萬二
月薪三萬	月薪三萬五	月薪三萬二千五到三萬四

不過，這張表有個小小的問題：你怎麼知道你直屬上司和下屬薪水是多少？嗯，第一步就是先調查他們的名字或職務名稱。

如果你要應徵的是小公司（員工數低於二十五人），調查這類資訊應該還算簡單。公司所有員工可能都知道答案，而你往往可以透過自己的「中間人」去接觸公司員工，甚至是前員工。鑒於就業市場中約三分之二的工作機會都是小公司創造的，你很可能需要調查這樣的公司。

相對地，如果要應徵大公司，就要想辦法抓住每一塊浮木，也就是每一個你認識的人（家人、朋友、親戚、工作同事、教會會友等等），問他們認不認識可能瞭解那家公司的人，想辦法得到你需要的資訊。

這種方法可能簡單，也可能絲毫不簡單。你可能會在調查某間公司時一無所獲（所有員工都簽過保密協定不能透露，而公司又把前員工全派到西伯利亞去了之類的）。假使遇到這種狀況，就去找在鄰近地區執業的競爭對手。舉例來說，如果你想瞭解甲銀行經理職位的薪水，但是這間銀行對於他們付多少錢絕對保密，你可以把乙銀行當作調查目標，看看他們是否比較願意給予資訊。如果你得到乙銀行經理的薪水數字，可以假設這兩間銀行的薪級大致相同，也就是說，乙銀行的狀況，或許能夠套用到甲銀行。

注意：調查薪資的過程中，要留意政府機構中的某些公務員職位，會對應民營公司的部分職位，而政府機構的工作內容和給薪範圍都是透明的。不妨前往離你最近的市公所、區公所、市政府、中央政府等政府單位，看哪個職位的描述最接近你要應徵的私人企業職缺，詢問起薪多少。

做完這些調查，要是你想精益求精，就得再花點工夫算數學。

假設據你估算，雇主為這份職缺設定的給薪範圍是月薪三萬六千五百元至四萬七千兩百元間，那麼在面試前，你要先規畫一個「討價還價」的範圍，等面試進入討論薪水的階段，就能派上用場。這個「討價還價」的範圍很巧妙，必須剛好比雇主的最高價略低一點點，然後一路往上。

因此，假如雇主先丟出一個數字（很可能接近最低價三萬六千五百元），你可以這樣回答：「我也明白現在經營公司很困難，但是我有自信，憑我的能力和生產力，應該可以拿……」你這時丟出的最低數字就是你的底價，而你的底價只比他們的最高價少一點點：「每個月四萬七至五萬八左右。」

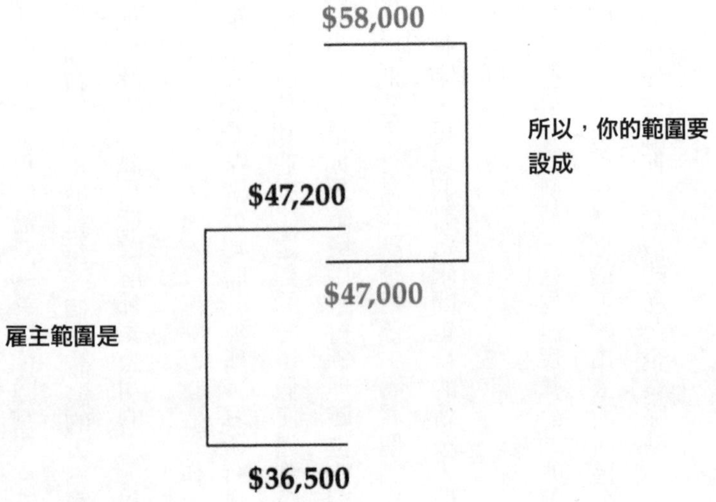

如果事前有所準備，在面試時想辦法證明你可以替公司賺更多錢或省下更多成本，對此時的協商也有幫助，讓你能夠理直氣壯要求高薪。如此一來，即便雇主只接受你提出的最低價，其實你拿到的也接近他們願意付的最高價。

這辦法很聰明，但是也要冒風險，還需要花時間調查。不過，這並不是多麼困難的事，你絕對有足夠的腦力，在這場薪資協商中致勝。

萬一費盡辛苦，最後還是沒有成功呢？萬一在你想進的公司，雇主設定的最高價低於你要求的價格，你又不願意貶低自我價值拿低薪，那怎麼辦呢？

瑞士職涯專家丹尼爾．波羅建議，如果你很想在某間公司工作，他們卻付不出你想要且應得的薪水，不如考慮以兼職方式在那裡工作。

假設你需要也覺得自己應該拿月薪十萬，可是他們只付得起每個月六萬，那你可以提議每週為他們工作三天（六比十＝三比五，也就是每週五個工作天中工作三天）。如此一來，你還有自由的兩天能做別的工作。當然，每週的那三天你都要賣力工作，讓他們欣喜若狂，知道這錢花得有價值。不難吧？

薪資協商秘訣六

知道如何為協商收尾，別留下懸而未決的問題

和雇主的薪資協商，可不是談完薪水就結束了。除非你是自由接案者，不然一定要講到所謂的員工福利，包括勞保、健保、特休、退休金等等。這些福利佔了許多勞工薪水的十五%至二十八%，也就是說，假設一名勞工月領五萬，這些福利就代表每月七千五至一萬四的額外價值。

所以，走進面試間之前，你要先想好哪些福利對你來說是最重要的。接著，對薪資有共識之後，要進一步問對方會提供哪些福利。如果事前先想清楚，設定好對你重要的福利，此時就可以努力爭取。

討論完工作內容、確認雙方對彼此都滿意、薪資協商，也確認最後的福利待遇，要把你們討論的內容用白紙黑字再整理一次。這真的很重要，相信我。手寫或打字都行，別忘了簽名。

許多老闆記憶力不太牢靠，會「忘記」面試答應過的事情，或否認自己講過的話。這種事不該發生，但就是可能發生，有時候雇主是確確實實忘記了。

其他時候，雇主是在玩你，或者是接手聘雇事宜的人在玩你，否認所有你說面試時答應

過、卻「沒有書面紀錄」的承諾。對方可能會說：「我不知道他們怎麼會跟你這樣講，他們沒有權力答應這種事，我們的規定就是不能這樣。」

所以，我再強調一次：把面試討論的所有結果寫下來，再簽名。這就是同意書了，也等同聘僱契約。如果是小公司（員工十人以下），他們可能沒有固定格式的契約書，那就在慣用的搜尋引擎輸入「勞動契約範例」，有很多免費例子供你參考，你或雇主可以照擬一份，雙方簽名。

你有權利保障自己的利益，如果他們不願意進行這個步驟，就要當心了。

小結：如果全都失敗

別忘了，求職多少有運氣成分。理論上，憑藉你付出的許多努力、堅定的決心和一點點運氣，本書到目前為止的建議應該對你有所幫助，畢竟這對在你之前的幾十萬人都管用。[20]不過，還是有失敗的可能。也許你仔細照著前五章的每一個步驟做了，依然沒能找到工作。這種時候，很容易覺得根本就是經濟不景氣害的，對吧？但又有個惱人的事實：每個月，就業市場都釋出眾多職缺。為什麼你就是抓不住任何一個？

一定有什麼特殊的方法可以找到工作，對嗎？

事實上，還真的有。

這就是本書接下來要介紹的。

---

20 一位大獲成功的求職者寄了以下這封信給我：

讀這本書之前，我只靠報紙徵才欄找工作，非常挫折又迷惘。整整四個月，我聯絡登廣告的公司，卻沒有接到半通回電。我覺得自己是世界上最沒用的人。我是女性，家有兩歲半的女兒，曾在中國擔任教授，但在美國沒有任何工作經驗。因為我先生在這裡找到一份工作，我們全家在七個月前搬來美國。

結果，去年六月十一日，我在家附近的書店看見您的書。接著，我花了三週，每週六天、每天十小時，精讀書中每一句，完成花朵習作的每片花瓣。更瞭解自己之後，我覺得自己已經準備好再試一次。在整個求職過程中，這本書都是我的指南書，一直到最後的薪資協商。

您大概猜到了，兩週內我就成功得到兩份工作邀約，我選擇其中一份，因為我覺得工作內容更好，薪水也更優渥。您大概也猜到，我進了一間小公司，同事大概二十人左右。對我來說，這份工作也算轉換跑道，我本來是英語系教授，現在準備要成為公司的主計員了！

很高興我當初相信您的意見：工作機會確實很多，也確實有兩種不同的雇主存在，我已經親身體驗。希望您會高興知道我的經歷。

這是一般常識吧：

想要成功，就選定一個方法試試看。

如果失敗，就坦白承認，再換一個方法。

最重要的是，不要停止嘗試。

——富蘭克林・德拉諾・羅斯福

（Franklin D. Roosevelt, 1882-1945）

第六章　求職一直失敗怎麼辦

唉，這種事就是會發生。

我們一開始心想「實在不敢相信這發生在我身上」，接著經歷或大或小的崩潰絕望，終於想辦法爬起來，準備好重新試一次，再度進軍就業市場，這時候，該怎麼做？

可以肯定的是，別再用同樣的方法了。就算你花更多力氣，例如本來是每天瀏覽一次求職網站，現在變成每天看五次，或是本來寄出兩百份履歷，現在變成寄出五百份，這樣也行不通了，你要改變自己的原則。

以下是三條最重要的原則，由曾經失意、最後終於成功的求職者歸納出來：

1. 不要放棄。

2. 不要放棄。

3. 不要放棄。

如果你自認面對龐大的體制怪獸完全無能為力，就要思考哪些部分是你能夠掌控的，無論多麼細瑣，都要朝那些面向努力。

換一種方法，比上一次更投入，但純粹投入還不夠，你還要變得更聰明，試試看至今都沒試過的策略。

不要灰心！你是獨一無二的，沒人和你擁有同樣的指紋、同樣的視野、同樣的靈魂、同樣的內心。所以要相信自己，相信你的人生必然有某種意義，然後找到這個意義！努力動腦思考，找出突破點。你一定辦得到。

求職有兩種截然不同的策略

好消息是：不管你想要找工作或是換跑道，你有兩種不同的方法可以試。前五章討論的就是其中一種。為什麼要這樣做？沒有為什麼，只是因為大家都說求職就是這樣，一向如此，我們也只知道這種方法。

以上這套策略有個名字，叫作「傳統方法」。大部分的人都會做，就算不知道也能很快學會，花不了太多時間。你從所謂的就業市場著手，尋找雇主刊登的廣告（可能是網路，可能是實體），聯絡你還算有點興趣的公司，一邊等待對方回覆，一邊弄份履歷，貼上網，或是寄給一長串公司聯絡人清單。如果這樣還沒辦法找到工作，就再寄出更多履歷，到處張貼。

要是傳統方法幫助到你，那太好了！不過，有幫助的話，你就不會讀到這章了，對不對？

如果傳統方法對你沒用，好消息是：要找工作或轉職，還有另一種完全不同的方法。我們姑且命名為「降落傘方法」吧。

用降落傘方法時，你不是從就業市場著手，而是要從自身出發。先弄清楚自己是誰、在擅長的事情中你最喜歡做哪些，然後（一定要按照這個順序）再去找適合你的公司。而且，不必等這樣的公司開出職缺，你要直接聯絡他們，也不必透過履歷，而是透過某個人，具體來說是中間人——也就是一個既認識你又在目標公司有人脈的人，擔任你和公司之間的橋梁。

下一頁的表格詳細比較兩種求職法的差異。

如果你費盡全力求職卻一無所獲，別再花時間尋找原因了。解決方式就擺在你面前：**你要變換策略**。如果你向來只靠傳統方法求職，這次卻屢戰屢敗，就該試著改用降落傘方法，如這張表格所示。

	傳統方法	降落傘方法
基本計畫	求職之前，弄清楚如何「自我行銷」。	求職之前，弄清楚你最想做什麼樣的工作。
準備方式	調查就業市場最想要什麼樣的人、「熱門職業」有哪些。你最有力的武器是「融入」就業市場的能力。	分析自己，瞭解自己哪方面做得最好、又最喜歡做什麼事。你最有力的武器是熱情！
如何決定要應徵哪間公司	等公司開出職缺。	透過習作，知道自己最想進哪間公司，就可以展開「諮詢面談」，不管公司當時是否開出職缺。
如何接觸公司	透過履歷。	透過「中間人」，也就是同時認識你和公司的人。可以用 LinkedIn 等社群網站來尋找這樣的人。
履歷的作用	自我行銷，告訴對方為什麼該雇用你。	獲得一次面試機會。
得到面試機會之後的首要目標	自我行銷，告訴對方為什麼該雇用你。	再得到下一次面試機會。

	傳統方法	降落傘方法
面試談什麼	你自己、你的專長和經驗。	公司的興趣和需求。面試中，一半的時間由對方問問題，另一半由你詢問關於公司、關於職位的問題，瞭解自己如何幫助公司。
你想釐清什麼事	公司想要我嗎？	我想進這間公司嗎？（當然，也包括「公司想要我嗎？」）我在這裡是否可以做自己最想做的事，同時幫助公司？
如何結束最後一次面試	問對方：「我什麼時候可以收到你們的答覆？」（無法當場確定面試結果。）	如果你確定要在這間公司工作，離開前一定要問對方：「我相信我對公司來說是很有用的力量。我們今天討論了這麼多，是不是能夠確認給我這份工作呢？」（試圖當場敲定。）
拿到工作但尚未到職時該做什麼	寄感謝函給雇主。然後，「結束了！」休息、放鬆，享受求職成功的滋味。	寄感謝函給雇主。然後，繼續默默尋找（在你到職之前，職位也可能因為該公司內部的某些發展而消失）。

沒錯，降落傘方法實行起來更難。

沒錯，你需要花更多心力、做更多事。

沒錯，用降落傘方法必須努力思索，瞭解自己是誰、自己的人生目標。

但是，這正是降落傘方法的價值所在。降落傘方法不只是為了讓你找到工作，而是讓你先退後一步，審慎思索自己的人生規劃，釐清自己一生的重要追求是什麼。在思考「什麼（是我想做的事）」之前，必須先思考「（我是）誰」。

「誰」優先於「什麼」。

這就是你可以使用的兩種求職或轉職手段。不過，傳統方法還能細分成十一種子類別。以下是這十一種類別的數據比較，我們會先從最糟的狀況談起，再一路往上爬——先講數字最爛的，再逐一說到最好的。但話說在前頭，這些數據沒有絕對的科學依據，而是我綜合看過的研究，以及過去四十五年來我與求職者／轉職者合作的經驗中觀察到的印象，整理而成。

傳統求職方法中，十一種最棒和最爛的方法

1. 找刊登在網路上的職缺：平均而言，這個方法管用的機率只有**四%**。沒錯，每一百個嘗試這個方法的人，只有四個找到工作。你覺得既驚訝又驚嚇嗎？我也是。

這的確很奇怪。如果你現在沒工作，所有人都會教你，最好的方法就是去找雇主公布的職缺，要不是去公司的網站上找（假如求職或轉職者鎖定特定的公司），就是去徵才入口網或社群網站。大家都會告訴你，網路就是你該找的地方。

問題是，他們說對了嗎？

答案是：看狀況。

人云亦云的傳聞往往令人印象深刻，你應該聽過有人透過網路求職結果大獲成功的故事，比方說：

有個住在新墨西哥州陶斯縣的系統管理員，想要搬到舊金山，所以要找當地的工作，他在週一晚上十點把履歷貼上舊金山在地求職網站，到了星期三早上，已有超過七十位雇主回應。

還有另一個行銷專員，靠著網路上查到的教學寫完履歷，寄給兩個登廣告徵才的公司，在上傳電子履歷之後的七十二小時內，兩間公司都聯繫了她，如今她在其中一間工作。

還有：「感謝網路，讓我找到心目中最理想的工作，只花八週就進入一間很好的公司，工作內容很棒，也有很多機會。」

問題來了，這些故事是普遍經驗，抑或只代表少數特別幸運的人？

令人傷心的是，其實這種求職方法對大部分人都不管用。有個例外：如果你想找和科技或電腦有關的工作（也就是資訊產業），或是機械工程、金融、醫療照護產業的工作，成功率會提高到百分之十左右。但是，對於另外一萬兩千七百四十一種不同職業而言（這個數字來自「職稱字典」網站：www.occupationalinfo.org），成功率還是只有百分之四。

2.把履歷傳給或張貼給雇主：從你的自身經驗，你可能猜得到，靠這種方法幫你找到工作（確切來說，是得到面試機會），成功率只有**七%**。

大部分求職者聽到這個比例都很震驚。

想求職或轉職的時候，所有人都教你：寫一份好履歷，就能幫你找到工作。許多無業人士（以及想幫他們的好心人）把履歷當成一種信條，深信不疑。

既然履歷的效果很差，為什麼大家都這麼教呢？唉，你告訴我啊。為什麼大家都放心把錢交給設計龐氏騙局的馬多夫（Bernie Madoff）？為什麼大家會去買那些風險超高的次級房貸，結果引發二〇〇七年金融海嘯？我不知道。我猜只要你常常聽到某件事，又是從不同人口中說出來的，你就會相信那一定是真的。

無論如何，真正的數據就是如此，清楚明白：靠履歷求職成功的機率，不超過百分之七。

我已經估計得很寬鬆了，一份研究表示，每一千四百七十份履歷，只有一份能找到工作；另一份報告的統計結果甚至更慘，每一千七百份之中只有一份成功。

還有，你一把履歷貼上網，就會立刻被網路爬蟲之類的機器人複製過去，再也無法讓這份履歷徹底消失。根據調查，網路宇宙裡至少有四千萬份這樣的履歷到處漂盪，宛如在馬尾藻海迷失方向的船隻。你的履歷一旦上傳，也會成為其中之一。如果你在履歷上捏造（撒謊？）過任何事，這個紀錄就會像背後靈一樣纏著你，好幾年後，可能成為你雇主的人搜尋你時，又會再度作祟。

3.和報上的徵才廣告聯繫：成功率介於**五%和二十四%**之間。[21]

這種方法是回應報上的徵人廣告。成功率之所以會有百分之五和二十四的差別，是因為求職者尋找的職位薪資不同。用這種方法尋找低薪工作，成功率是百分之二十四；尋找高薪工作的人，成功率只有百分之五。

21 我在這一章提到的統計資料會有所波動，不同的年份、地理區域、行業、城鎮或鄉村，都可能產生不同結果，所以這些數據的意義在於和其他求職方式的相對比較。不同求職方式之間的比率相對比較穩定，也比較容易預測，每年變動不大。只有一個例外：二〇〇八年之後，履歷的求職成功率變得更低，而且是大幅降低。雖然我們已逐漸走出經濟衰退，履歷的成功率卻並未如大家預期的一樣回升。

4.尋求私人求職仲介或人力銀行協助：成功率介於**五%**和**二十八%**之間。以前，這些機構只轉介白領工作，如今，已經很難想到他們不轉介的工作種類，尤其在大都市的選擇更是多元。可以上網搜尋黃頁名錄網站，在這些網站的搜尋欄鍵入「人力仲介」或「人力資源」，以及你的所在地名稱，尋找在你家附近的相關機構名單。這個方法的成功率之所以差異這麼大（從五%到二十八%），是因為仲介公司的人員素質參差不齊（有些非常能幹，有些則是無能，甚至根本是詐騙）。不過，如果找到好的仲介，成功率是單靠履歷的四倍。

5.在自己領域的專業或貿易期刊上找求才廣告，聯絡徵才者：成功率只有**七%**。去讀關於你專業領域的專門刊物，看上面有沒有你感興趣的求職廣告，有的話就聯絡對方。

6.求職俱樂部（Job Clubs）：有些求職團體雖然自稱「求職俱樂部」或「求職成長團體」，但實際上未必對求職有所幫助。這些團體的求職成功率大多只有十%左右。他們通常一週聚會一次，一次只有幾小時，確切來說，頂多只能算是求職支持團體。

真正的「求職俱樂部」完全不同，**求職成功率高達八十四%**。

這個詞彙是由已故心理學家納森．艾倫（Nathan Azrin）發明。他的作法是，要把求職當成朝九晚五、每週上班五天的全職工作。每個工作天，早上九點到中午十二點，俱樂部成員要彼此碰面，各自完成自己列出的工作，研究感興趣的公司，以電話聯繫。

這段時間，成員分成兩兩一組，用分機聽搭檔如何在電話裡交談，掛掉電話之後，搭檔會互相給予意見。

下午一點到五點，每個成員改為單獨行動，到街上拜訪求職相關機構及屬意的公司，進行諮詢面談，或是赴預定好的約。在出門之前，每個求職者都要和大家分享自己想找的工作類型，這表示其他人可以充當你的眼線，替你留意任何可以幫到你的資訊，當然了，你也要幫別人留意他們想要的工作。這套方法成功率很高，超過八十四%。

多年前，我曾經觀摩使用這套方法的團體，在密西根、波士頓、聖地牙哥、北加州都有類似的求職俱樂部，我必須說，這些俱樂部全都像我描述的一樣非常有效。但是這種方法如今在美國漸漸式微，原因有四：一，聯邦政府不再資助這種計畫；二，打電話變得越來越複雜（「請按下列分機號碼……」），無法直接溝通；三，新科技的崛起（網路、電子郵件、簡訊等等）；四，在西方文化，大家越來越不願意花這麼多功夫找工作了（我也覺得很沮喪，但是這是事實）。

所以，現在所謂的「求職俱樂部」一周只聚一次，一次只花一、兩個小時，頂多三小時，成功率也就降到僅百分之十左右（當然也有例外）。不過，假如我們遵循這套架構[22]，根據現代求職習慣加以調整，並且找到資金，或許這樣的俱樂部還能捲土重來。

不過還是有好消息：即使已經變成簡化版，現在的求職互助會有一點非常優秀，那就是為孤獨的求職者提供社群協助。這很重要。求職的路上沒有人應該孤軍奮鬥，如果可以就要盡量避免。我們每個人都需要鼓勵和支持，才能走完這條漫漫長路。有些團體做得很好，例如加州庫帕提諾市扶輪社的求職互助會，成功率就遠遠超過十％。他們用這本書當作指引，每年都能維持五十％的成功率。

7.前往政府的就業服務處：成功率為**十四％**。你可以去地方政府的就業服務處、勞動部的就業中心等等，這些地方可以教你求職秘訣，並提供和工作有關的資訊。

8.去雇主可能會去徵求勞工的地方：如果你是工會成員（尤其是從事貿易或營建業），你可以去工會的職業介紹所，這種方法幫你找到工作的機率是**二十二％**。

可惜，這個數字無法反映你在職業介紹所得花多少時間找工作、找到的工作又能維持多久。在貿易業中，一份工作常常幾天就結束了。更何況，這種求職方式並非大部份求職者都能使用。根據統計，美國近年來有加入工會的私人企業員工僅六·七％（公部門員工的比例則是三十五·二％）[23]。

如果你沒加入工會，也有類似的地方可去。每天早上，在你居住的城市，說不定有雇主在固定的角落挑選工人（這種按日計薪的勞工俗稱散工），你可以四處打聽。這類散工通常工期短，往往是在工地或是需要靠雙手勞動的工作，通常會在當天用現金付薪水，且一定是屬於臨時工。如果你還沒有找到全職工作，這或許可以當作暫時的替代方案，至少可以讓你賺進一點錢。

現代版的「散工」就是所謂的共享經濟或是接觸經濟，用 Airbnb 的形式，把你自己的家開放出租，或是加入 Uber 提供載客服務，就能賺得一些外快。已經有許多文章在討論這種共享經濟，如果你想做這類型的散工，可以多加瞭解。

9. 四處詢問職缺資訊：成功率有**三十三%**，做法是詢問你的家人、朋友、其他在實體社群或網站（例如 LinkedIn 或臉書）認識的人，知不知道哪裡在找具有你這種專長或背景的員

22 艾倫曾經使用這套方法，讓精神疾病康復者成功找到工作。他寫過很詳細的手冊說明這套方法，雖然已經絕版多年，但如果你真的真的很想要，還是可以在亞馬遜或其他線上管道找到二手書，定價從美金九十九元到六百元都有，手冊的書名是《求職俱樂部顧問手冊：職涯諮詢的行為學派方法》（*Job Club Counselor's Manual: A Behavorial Approach to Vocational Counseling*）。老實說，艾倫的模式在今天已經無法完全適用了，必須經過細心改寫和更正。這本書之所以會這麼高價，是因為我這位朋友已在二〇一三年過世，他的粉絲和朋友顯然都買書紀念他。我和他交情頗深，知道他確實是個了不起的人。

23 美國勞工部勞動統計局經濟新聞稿〈工會成員統計〉（"Union Members Summary"），二〇一四年一月二十四日。

工。這只是個非常簡單的問題：你們公司或其他你知道的地方有開缺嗎？**用這種方法，你找到工作的機率，就是只寄履歷的將近五倍。**

10.上門拜訪雇主的辦公室或工廠：成功率是**四十七%**，你應該可以想見，對象若是小企業（員工數二十五人以下）特別管用。有時候，就在你踏進一間公司的那一刻，搞不好就是職缺產生的瞬間。有個求職者在早上十一點去敲一家建築業辦公室的門（後來被雇用了），他的前任正好就在那天早上十點離開公司。如果你用這種方法毫無收穫，可以把範圍擴大到員工數五十人以下的公司。**透過這種方法，你求職成功的機率會提升到單靠履歷的七倍。**

11.使用黃頁：成功率是**六十五%**，做法是購買當地的工商電話簿黃頁，從索引找出你感興趣的主題或領域，翻到對應的頁數，看看在你感興趣的領域，哪些公司或組織位在你想去工作的地區。打電話聯絡該公司，約好會面時間，前去拜訪，看看他們想不想雇用擁有你這種專長的員工，或是會不會正好有你想要的職缺。當然，在二〇〇八年以後，要讓雇主同意見你一面困難多了，尤其是在大公司。**但是別忘了，這種方法的成功率可是只靠履歷找工作的九倍。**

好啦，就是這樣，以上就是求職的傳統方法，分成十一類逐一介紹。這些求職方法各有不同，有些方法一向成果不錯，你花時間去做，比較可能獲得回報；也有些方法成功率很爛，純粹是浪費你的時間和力氣。求職最重要的就是「保存精力」，有智慧的人會告訴你要省下力氣，花費在值得的地方。

所以，接下來幾章，我們要開始介紹求職或轉職的另一種途徑：**降落傘方法**。使用這種方法，首先該觀察的不是就業市場，而是你自己。

在人生中，會走到一個時間點，

發現自己必須面對現實，

知道剩下的日子一天天在減少，

知道不能再把事情擺在一邊，

想著以後有時間再來做，

如果是真心想做的事，

最好現在就做……

所以我一直相信，

瞭解自己最喜歡做什麼事非常重要，

因為如此一來，

才能把握有限的時間盡情做這件事。

——諾拉・艾芙隆（Nora Ephron, 1941-2012）

第七章　自我剖析，第一部份

引言

別搞錯了，自我剖析不是盯著自己的肚臍看就好，你的目的是找工作，而且成效極高，只要一步一步照著做，成功率高達**八十六%**。也就是說，每一百個認真照做的求職者或轉職者中，有八十六人真的找到工作，另外十四個人則沒那麼幸運——如果他們只用這個方法的話。但別忘了：你用這種方法，找到工作的機會，是只投履歷的十二倍。而且，這種方法不僅能讓你找到工作，還會是你真正想做的，也就是大家偶爾會說的「夢幻工作」。

為什麼要做自我剖析

在傳統方法全都失敗以後，為何光是瞭解自己就能幫你找到工作？知道這個問題的答案很重要，因為這會讓你更有動力完成整個過程，否則你可能會想：「天啊，實在太麻煩了！」

就乾脆放棄。

好，對於為何自我剖析有效，有以下七個答案：

1.透過這套習作，你可以學到至少六種描述自己的方式，如此一來，就能接觸許多不同的就業市場。西方文化裡很愛用的「再培訓」，只能讓你針對特定職業接受訓練，舉例來說，某人決定讓失業的營建工人接受再培訓，成為電腦維修技師。如此一來，他們只能針對另一個領域找工作，萬一訓練完成後，卻找不到那個領域的任何工作呢？再培訓就白費了。這就是為什麼再培訓課程評價不好。

反之，如果你夠瞭解自己，就不必只用區區一種職稱定義自己，不會只把自己想成「電腦維修技師」，或「營建工人」，或「會計師」、「工程師」、「部長」、「退役軍人」……之類的。你是一個完整的人，擁有各式各樣的能力和經驗。假設你最喜歡的能力是教學、寫作、培育植物，你不妨去試試教師、文字創作者、園藝這幾種行業。也就是說，有許多就業市場同時對你開放，而非只有一個。

2.透過這套習作，你可以更明確描述自己想找什麼。這樣一來，你的朋友、親人、LinkedIn 或其他網路社群上認識的人就更容易幫助你，你尋求協助時，就不會只說得出：

「呃，我失業了，如果你有職缺消息可以告訴我。」你能夠更精準描述你希望他們留意「什麼樣的」職缺消息、工作條件，他們就能集中注意力，透過具體線索去尋找，對你的幫助也就大得多，更有可能幫你找到你自己找不到的工作。

3.透過這套習作，你會勾勒出讓你真正感到興奮的工作樣貌，而不只是隨便找個工作混口飯吃。為了得到那份工作，你也必須投入更多時間、經歷、意志力求職。這些努力絕對值得。所以你要加倍努力、奉獻心力，意志堅強，不要一試不成便輕言放棄。堅持是求職成功的關鍵，一旦你鎖定值得奮鬥的目標，就要讓決心深入骨髓。

4.透過這套習作，你不必再苦苦等待公司開出職缺。做完習作，你可以挑選符合自己需求的公司，主動接觸（最好透過「中間人」，也就是同時認識你和公司內人員的人）。只要你夠瞭解自己，就會有自信他們需要你的能力，或許他們正好有職缺，沒有的話，搞不好會特別為你設一個職位。

特別設職位？沒錯，我不是在開玩笑。對準備充分的求職或轉職者而言，這種事的發生機率比你想像還高。一位求職者曾寫信給我，說：

我很清楚自己想在哪裡工作：兩年前，我去一家公司面試過幾次，那個職位不太適合我，但面試經驗讓我愛上那家公司。我在LinkedIn上找到公司的執行長，問他記不記得我，請他撥出短短的時間的時間給我，我要聊的事保證有趣。他說他很願意和我見面，於是我擬了一個設立培訓學院的計劃給他們。大約一個月後，我收到一封郵件，告訴我他們很想要實行我這項企劃。這份工作原本不存在，因為他們沒想到要做，是我想出來的，所以這完全是為我量身打造的職位。六個月內就靠著降落傘方法拿到夢幻工作，還不錯吧？

5.假設你想要的工作有十九個人跟你競爭，大家的經驗、能力都相當，此時只要你能向雇主精確描述自己的特別之處、能做到哪些其他人做不到的事，就能脫穎而出。關鍵就在於某些形容的詞彙，我們通常稱之為「個人特色」，下一章會進一步說明。

6.如果你考慮轉換跑道，那在徹底瞭解自己之後，或許你就會明確知道人生要往哪個方向走。通常，單靠你已經擁有的知識和能力，便足以開展新的職業生涯——你以為需要接受培訓和再培訓之類的，其實不必。我指的不是很劇烈的轉變，比方說要是你想從推銷員轉職成醫生，那確實需要從頭來過；不過，多數人的轉職幅度都沒這麼大，這在第十一章會詳細說明。首先，拜託，拜託，一定要先瞭解自己是什麼樣的人、喜歡做什麼樣的事。

也許你會發現，在職業或技術學校就足以學到需要的知識，或是透過一至兩年的大學學程習得。

有時候，我強調是有些時候，這些知識只要做過夠多諮詢面談（參見第九章）就學得到。舉個例子：一位名叫比爾的求職者在零售業工作了幾年，正考慮跳槽到石油業，卻對這個產業一無所知。他一個個拜訪在石油工司任職的人，瞭解和產業有關的資訊，做過越多次這種「諮詢面談」，就知道得越多。事實上，在旅程快到終點時，也就是他正式受理想中的公司雇用之前，他發現自己懂得比他拜訪的人還要多，對於業內有哪些競爭者、有哪些眉角瞭若指掌。

換句話說，如果想轉職，獲得所需知識的途徑不只一種。

7. 對多數人的人生而言，失業都是一種阻礙；然而，阻礙能夠化為轉機，迫使我們停下來思考，衡量自己的人生到底想走向何方。小馬丁．路德．金恩（Martin Luther King Jr.）曾說過一番話：

> 生命中最大的課題，就是學習面對阻礙帶來的代價：在你面前摔上的門、被延遲的計畫、失敗的婚姻，還有那首因為某個人敲門而來不及寫下來的好詩。

自我剖析是一種思考與評估的方式。降落傘方法要求你先瞭解自己是誰、想做什麼事，才開始尋找（真正有意義的）工作，幫助你把阻礙化為轉機。

以上七點，就是為什麼自我剖析比其他求職方法來得管用。

失業中或考慮轉職的人，得和自己的內心對話，像這樣：

把握這個機會吧，這次不僅是要找一份工作，也是要找一種人生——這種人生更有深度，更豐富，更能令我自豪。

世上充斥著痛苦的勞工，一整個星期，他們只想著：「週末什麼時候才會到？」以及「星期五了！感謝老天！」他們的工作可以養活全家，卻……無聊到無法滿足內心。他們沒有花時間思考，什麼是只有自己能做的事。這個世界已經不需要更多無聊的勞工了。對未來要有點夢想，把夢做大。

世上最可悲的一句建議就是：「算了吧，實際一點。」這個世界最棒的部份，全都不是那些很「實際」的人成就的，而是那些敢於直視夢想並動身追尋的人。

怎麼做自我剖析

以下是你需要的東西：

1.心理準備

首先，你要（在心裡）拋棄所有過去的職稱。當你自問：「我是誰？」你必須拋下心裡立刻浮現的職稱，像是：我是會計師、我是卡車司機、營建工人、銷售員、設計師、文字工作者、業務經理……等等，這種答案只會把你困在過去。你要從「我是一個……的人」這種角度切入。

「我是一個有……這些經驗的人。」

「我是一個有能力做……的人。」

「我是一個對……很瞭解的人。」

「我是一個在……方面不平凡的人。」

沒錯，以上就是這套實用自我剖析的第一步——你是一個人，不只是一份工作。

2.一張紙（數位或實體皆可）

部分腦科學者如南加大已故教授芭芭拉·布朗（Brabara Brown）[24]的研究結果發現，如果要做關於人生的重大決定，最有效的策略是濃縮和自己有關的重要訊息，列在一張紙上。

至少，最後的呈現必須是一張紙，不是一整本期刊，也不是一疊便利貼或好幾張紙，就一張紙（字寫小一點）。

本書中，你最後完成的那張紙，我們稱做「花朵習作」，或「花朵示意圖」。

3. 幾張學習單

在你想辦法濃縮關於自己的重要資訊、總結在一張紙的過程中，需要幾張可以丟棄的紙（我稱為學習單），以便實際操作花朵示意圖中每片花瓣的習作。我要強調，這些紙都**可以丟掉**。因為，最終你會把成果謄寫到花朵示意圖上，然後就不需要這些學習單了。準備幾張空白影印紙即可。

4. 一些圖案或圖片

以下又是大腦研究學者的發現：如果紙上不是純文字，而是附上一些圖案、照片、圖表之類，對於做出重大決定有很大的幫助。研究者發現，圖片能刺激你的右腦做出反應，右腦有能力檢視一大堆看起來互不相關的資訊，然後大叫：「啊哈！我知道這些是什麼意思了。」

24 芭芭拉·布朗（1921-1999）是一位心理學者，她首創生物反饋（biofeedback）的概念，後來受到廣泛運用。

有些人會說右腦負責直覺，和邏輯相對。

一九七〇至二〇一二年間，我帶過很多工作坊，我會鼓勵學生帶任何自己想要的圖片來。圖案必須有七個區塊，以便對應我們分析出來的七大自我部份，這七大部份對於找到理想工作非常重要。結果呢，最多人用來代表自我的圖案是一朵花，有一個中心和六片花瓣。所以我們才把自我剖析的結果命名為**花朵示意圖**或者**花朵習作**。

5. 用來排出優先順序的工具或表格

你可能很容易以為，自我剖析的目的是列出一連串關於自己的清單，由此連結到可能的工作或職業，例如：「這份清單列出所有我對工作場所的希望。」或者：「這份清單列出所有我希望在下一份工作用到的能力。」不過，根據我過去四十年的經驗，我發現光列清單沒有用，除非把清單上的每一個項目，按照你認為的優先順序或重要性排好：這一項對我最重要，下一項第二重要，然後是第三重要的……以此類推。

為什麼？唉，因為世事難兩全，你沒辦法一下子就找到符合所有項目的目標，只能找到符合某幾項的工作。「夢幻工作」和「真實工作」只會有部份重疊，所以重要的是確保重疊部份包含你最在意的條件，而非最不重視的條件。如果你沒按照重要性排好各項清單，又怎麼知道呢？

下圖能夠說明排列優先順序的重要。

好啦，所以排序很關鍵。但怎麼做？假設你已經為其中一片花瓣列出十個項目，該如何決定哪個才是最重要的，哪個次要？乍看似乎很困難，但其實比你想像的簡單，你只要……

一次比較兩個項目就好。列出十個項目中所有可能的配對，全部比較一次。想把所有配對都呈現在一張圖裡，就要畫成表格，最廣為使用的表格叫作「優先排序表」，是我在一九七六年發明的。不管你列出幾項，都可以套用這張表，不過最常見也最簡單的形式是十個項目（如果你的項目多於或少於十項，可以參考 http://

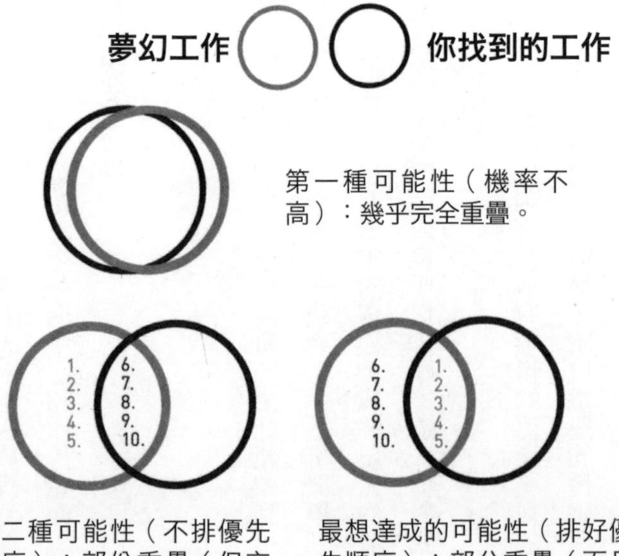

第一種可能性（機率不高）：幾乎完全重疊。

第二種可能性（不排優先順序）：部份重疊（但交集是你不太在意的部份）。

最想達成的可能性（排好優先順序）：部分重疊（而且交集是你最重視的部份）。

項目少於十的優先排序表

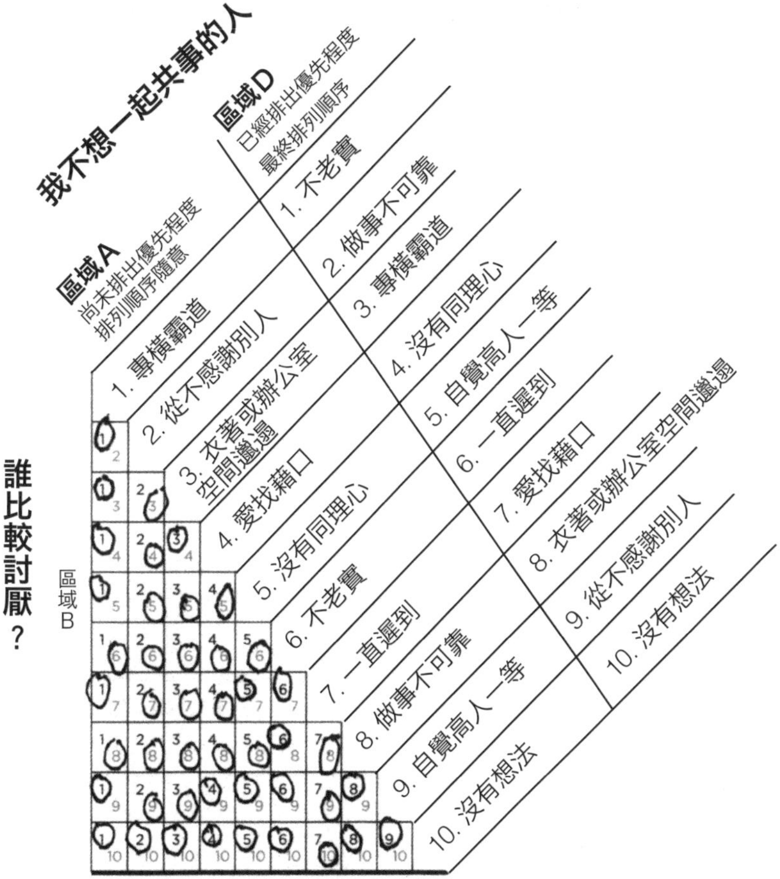

區域C

1	2	3	4	5	6	7	8	9	10	◁ 區域A的項目編號
7	1½	3	3½	6	9	3½	8	4	1	◁ 在區域B被圈起來的次數
3	9	8	7	4	1	6	2	5	10	◁ 區域D的終極排序

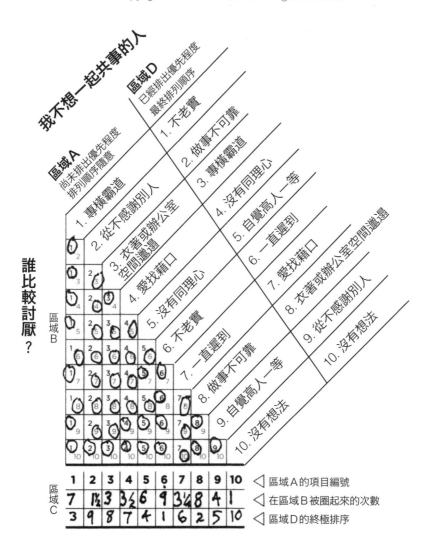

www.beverlyryle.com/prioritizing-grid，瞭解如何畫表）。

總之，上一頁就是優先排序表完成的樣子。如你所見，這個範例是列出十種「我不想一起共事的人」（如果想列出清單，可以參考下一章教的步驟，回溯過往經驗）。我就以此當作範例，說明如何使用十個項目的優先排序表（本來我列的項目超過十項，但我後來刪成十項，再做表格）。

區域A：我把清單裡的十個項目隨便放進去。如你所見，我不想一起共事的人有：專橫霸道、從不感謝別人、衣著或辦公室空間邋遢、愛找藉口、沒有同理心、不老實、一直遲到、做事不可靠、自覺高人一等、沒有想法。把這些項目寫進區域A，順序完全不用管。

區域B：這區列出所有可能的組合，每一格都寫了一種配對的號碼。在每一格，你都要問一個問題，這個問題怎麼問是關鍵，基本形式是：「這兩項相較，哪一個對我更重要？」我舉的這個例子是負面的，所以問題可以調整為：「哪一種人我更不喜歡？」假想自己在兩種工作情境中選擇。

接下來是怎麼使用表格。先從最上面的格子開始，這一格有數字1和2（1代表「專橫霸道」，2代表「從不感謝別人」）。所以，問題來了：你比較討厭哪個？1還是2？把選中的數字圈起來。如你所見，我選了1，因為比起不說謝謝的人，我更討厭和跋扈的家伙共事。

接著是第二格（往右下方移一格），裡面是第二對組合：2和3。再問一次同樣的問題：「你比較討厭哪個？」我圈的是3，因為我不喜歡邋遢髒亂的人，不懂感激的人相對來說沒那麼討厭。

然後繼續比較下去，直到你在區域B的每一格都圈出一個數字。

區域C：區域C在最下方，如你所見共有三列，第一列就是區域A的編號1到10。第二列要填入每個編號在區域B被圈起來的次數。在這個例子，1被圈過七次，2是一次（10也是一次，和2同分，但是這張表格不容許同分的狀況，所以我在區域B找到2和10在一起的那格，看我圈了幾號，發現我圈的是2，所以統計時要多給2號○．五分，讓它勝過10）。3被圈過三次，但4和7也是——竟然有三項同分！怎麼辦？遇到這種狀況，只能自己衡量一下了。我覺得，對我而言，這三項的重要性依序是4、7、3，所以我多給4號○．五分，多給7號○．二五分，3號就保持本來的分數。

在區域C的最下面那列，填入每個編號被圈選次數的排名。6被圈九次，分數最高，所以位居第一。8被圈八次，是第二名，依此類推，排好九個編號的順序。最後一個步驟，就是按照這個排序，把每一項的內容抄到區域D。

區域D：設這一區的目的是把區域A的十個項目再寫一次，只不過這次要按照我的偏好或優先順序，也就是參照區域C排列。6的圈選次數最多，是第一名，所以我把6的內容抄進區域D的第一格，第二名是8，就抄進區域D的第二格，依此類推，最後會得到按照優先順序排列好的十個項目。太好了！現在，我就可以把這個排序（或至少前五名）抄到下一章的花朵示意圖。這樣我就知道，如果想要快樂又有效率的工作，我應該關注我找到的工作和夢幻工作有哪幾項交集。

6.結論：先排序再完成花瓣

開始填下一章的花瓣之前，可以先問問自己：憑直覺，你覺得整體而言，哪片花瓣（也就是一份工作的哪個面向）最重要？花瓣按照重要性的排序會是什麼？

1. 薪資？
2. 工作地點？
3. 一起工作的同事？

4. 工作環境的外觀和感覺？
5. 這份工作帶給你多少成就感，或是多符合你人生規劃？
6. 這份工作讓你發揮多少你偏愛的技巧、能力、才華？
7. 這份工作有多少是你最喜歡的領域，或是具備相關知識、有興趣的領域？

你可以在心中推想這些花瓣對你的重要程度，或者使用七項版的優先排序表，認真排出順序。如果你用紙本，可以拿十項版的表格，從區域A的第七項下方畫一條水平線拉到區域B，寫到區域B時，不要填水平線以下的格子就好。

假如你想知道，最常被其他人選為第一優先的是哪朵花瓣，答案是不一定。這多半取決於你處在哪個人生階段，以及你最投入哪一項議題，可參見下方的金字塔。

如果你只想努力在職場生存下來，最重要的花瓣通常是薪資。如果是已經有年紀的人，多半最重視工作目的。如果正處在人生的半途，往往覺得關於能力／技巧／才華

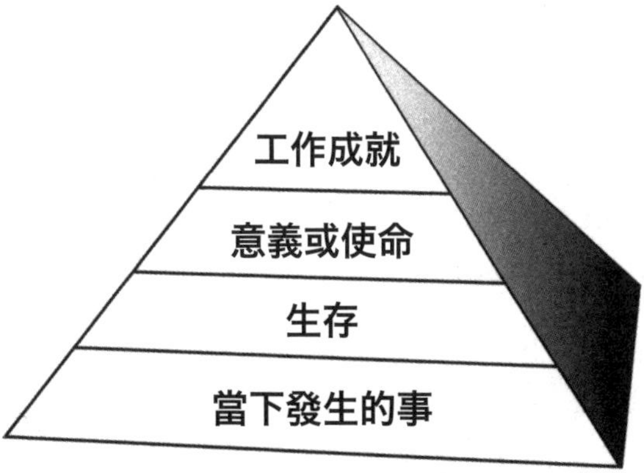

的花瓣最要緊。不過，七個花瓣對你都很重要，別放掉任何一個。

除了女人，

花朵是上帝給予世界最可愛的事物。

——克里斯汀 · 迪奧（Christian Dior, 1905-1957）

第八章　自我剖析，第二部份

花朵習作

這個自我剖析的練習是花朵形狀，共有七片花瓣（包含中心）。這是因為你有七種面向，或者說，你有七種方式可以探索自我，有七種方式可以根據職場的語言描述自己是什麼樣的人。

換個比喻，你可以想像自己是一顆鑽石，我們把你舉起來對著光，就可以看見七個切面。

1. 你與共事者：你最想一起共事或願意幫忙的人屬於哪種類型——年齡層、特殊問題、身心障礙、所在地理位置……等等。

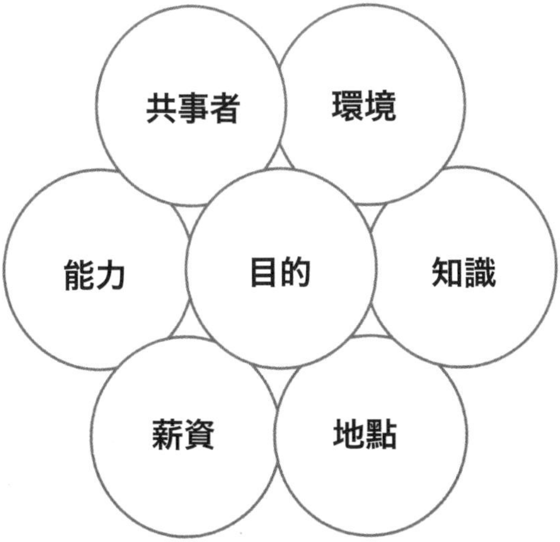

2.你與工作環境：你最喜歡的工作場所或工作環境——室內／戶外，小公司／大企業，有窗／沒有窗……等等。這項因素關乎你能不能保持在最好的狀態，達到最好的工作成效。

3.你與能力：你能做什麼、你最喜歡的職務能力或應用能力是什麼。這會決定你能不能發揮全力，達到最好的工作成效。

4.你與人生目的：你的人生目標或使命。除此之外，你可以進一步假想，如果進入你最想工作的地方，你在那間公司裡想要達成什麼目標或使命。

5.你與你擁有的知識：你知道哪些事，還有，在你擁有的所有知識與興趣中，什麼是你最喜歡、最想應用在工作上的。

6.你與責任：你想要的薪資與責任等級。你想一個人工作、成為團隊的一份子、管理其他人，還是成為主宰者？根據經驗、脾性、野心，選出最適合你的狀態。

7.你與工作地點：你喜歡的環境——本地／國外，溫暖／寒冷，北方／南方，東方／西方，靠山／靠海，市區／市郊／農村／鄉野……你在哪裡最快樂，工作能力發揮得最好，最願意在這個地方居住整年／每年一段時間／假日才去／或休長假時才去？也要考量你現在、五年後、退休後的想法。

我是一個……由所有花瓣組成的人

你可以只選擇一、二或三種關於自我的面向（例如，「你知道哪些事」、「你能做什麼」、「你的理想薪資」），做為決定找哪種工作的指引。

但是，花朵示意圖會用七大面向顯示你是什麼樣的人，濃縮成一頁，只用一張圖表呈現。畢竟你不是只有一兩個面向，這七種面向都是你。花朵示意圖是一幅完整描繪你的圖像，呈現你全部的面貌。當然，是根據職場語言勾勒出來的。

相信我，你會想要最完整的圖像，我可以告訴你為什麼。

假設有一份工作只符合一片花瓣，也就是你的其中一種面向、其中一種定義你的方式，例如讓你有機會運用自己最喜歡的知識，就這樣。這份工作沒辦法讓你用到你偏愛的能力，也不能和比較喜歡的人共事，或是提供能夠發揮全力的工作環境。

你會怎麼形容這種工作？說得非常委婉就是：無聊。未來你一定會迫不及待地說：「星期五了！感謝老天！」這條路早就有人走過了，而且人數可真不少。

那麼，現在我們假設你可以找到另一種工作，符合你全部的七個面向、七片花瓣，這份工作又要怎麼形容？這就是你的夢幻工作了嘛。

所以說，完整的花朵示意圖會反映你最全面的樣貌，並且呈現出最適合你、完美吻合你所有期望的工作。這份工作可以讓你大放異彩，因為你能夠表現最好的自己。

訂定完成花朵的目標，**試著讓自己享受這個過程，不要像是在履行責任**。先預設這整件事會很好玩嘛。這真的可以、也應該變得好玩。

那麼，我們就開始完成七片花瓣吧。以下是第一片。

我是一個……對同事個性有所偏好的人

第一片花瓣：人際

我偏好的同事或上司類型

這片花瓣的目標：避免重複過去和人共事的負面經驗。畢竟，和不同的人做事可能讓工作變開心，也可能毀掉你的一整天、一整週，甚至一整年。

你的期望：①讓心裡有更具體的想像，釐清和誰一起工作可以讓你發揮全力，最有工作成效。②讓心裡有更具體的想像，知道你最想替誰做事，設想那種人的年紀、特殊狀況、所在地點……等等。

填滿花瓣的形式：可以是描述他人的形容詞（「和氣」、「有耐心」），或者借助何倫碼（Holland Code）或邁爾斯－布里格斯性格分類指標（Myers-Briggs）等分類法，本章會分別詳細介紹。

優良花瓣範例：何倫碼：IAS。①和氣、大方、善解人意、有趣、聰明。②失業者、努力堅持信念的人、世界各地、所有年齡層。

糟糕花瓣範例：有困難的人、年輕、聰明、在都市。

糟糕的原因：太籠統，沒什麼幫助。

第一片花瓣，學習單＃1

六邊形：派對遊戲練習

每份工作或職業都有獨特的人際環境，只要說說你感興趣的職業是哪一種，我們就能判斷，大致說來你會偏好和什麼人一起工作（總共六種類別）。也可以反過來，說說你比較喜歡和哪種人一起工作（同樣使用那六種類別），我們就能判斷，哪種職業可以投你所好。

建立這套理論的是已逝心理學者約翰．何倫（John L. Holland），他還發明一套系統，方便你把理論應用在自己身上。他考察各種工作場合，認為職場的人際環境基本可分為六種，以下逐一說明（定義引自何倫）：

1.實務型（Realistic）：這裡的人喜歡「明確、有秩序、系統化的操縱物品、工具、機械、動物」（順帶一提，實務可以連接到柏拉圖的「真實」這個概念，也就是可以透過感官感知的東西）。

總結：R＝喜歡大自然、植物、動物、體育、工具與機械、戶外活動的人。

2.研究型（Investigative）：這裡的人喜歡動腦的工作，尤其是「對物質、生物、文化現象的觀察與概念化、系統化、富有創意的研究」。

總結：I＝很有好奇心，喜歡研究或分析事物、人群、資料的人。

3.藝術型（Artistic）：這裡的人喜歡「曖昧模糊、自由、沒有系統的活動和能力，用以創造藝術形態或作品」。

總結：A＝很有創造力、藝術性、想像力，想法新穎，而且不喜歡按表操課的人。

4.服務型（Social）：這裡的人喜歡「操控他人以達到通知、訓練、發展、治療、啟蒙的成果」。

總結：S＝決心要幫助、教導、服務人群的人。

5.管理型（Enterprising）：這裡的人喜歡「操控他人以實現組織或個人的目標」。

總結：E＝喜歡創業計畫或新創公司，或者推銷、影響、說服、領導人群的人。

6.行政型（Conventional）：這裡的人喜歡「明確、有次序、系統化的操縱資料，例如留存紀錄、填寫資料、複製資料、根據規範整理書面與數字資料、經營業務、操作資料處理機械等」。順帶一提，這一型的英文原文意指「傳統的、習慣的」，因為在這種環境工作的人多半具備或代表我們文化中的主流價值觀。

總結：C＝喜歡很多細節的工作，也喜歡完成任務或計畫的人。

根據何倫的理論，只要有足夠的時間，每個人都能夠精通這全部六大領域。但是，從小

25 順帶一提，有一本很棒的書，針對職場中這些藝術型的人，書名叫《給創意人和非傳統人才的職涯指南》第四版（*The Career Guide for Creative and Unconventional People, Fourth Edition*），作者是卡蘿・伊可貝利（Carol Eikleberry）和嘉莉・平斯基（Carrie Pinsky）。

孩成長為大人的時間有限，因此我們傾向只發展其中三個領域的偏好與職場存活能力，至於是哪三個，則取決於每個人成年前的成長環境、仰慕對象、學習這三個領域專業能力的時間多寡。從這六種類型的英文代號ＲＩＡＳＥＣ，選出你偏好的三種人際環境，這組代號就是你的「何倫碼」，例如ＳＩＡ。但你會問，我怎麼知道我偏好哪三個？

我和何倫是多年老友，在一九七五年，我發明了一個簡單又快速的方法，幫助你找出自己的代碼。這個方法衍生自何倫的職業自我探索量表（Self-Directed Search），用這個簡單的方法，會有九十二％的機率得出跟何倫的量表相同的結果（何倫知道這個數字後大笑）。所以，如果你想要更精確的結果，最好使用何倫的自我探索量表；如果你比較趕時間，我的方法也夠準了，而且免費。我稱之為「派對練習」，內容如下（請你務必照著做）：

下頁是一個房間的俯瞰圖，房間裡正在舉行一場派對。派對上，基於某種原因，有相同興趣的人都會聚在同一個角落，所以每個角落都是興趣不同的人。

1.憑直覺，你會先被哪個角落吸引，願意和那裡的人相處最長時間？不要考慮會不會害羞或是要找什麼話題跟他們說話，你可以只聽他們聊天。

寫下那個角落的代號：

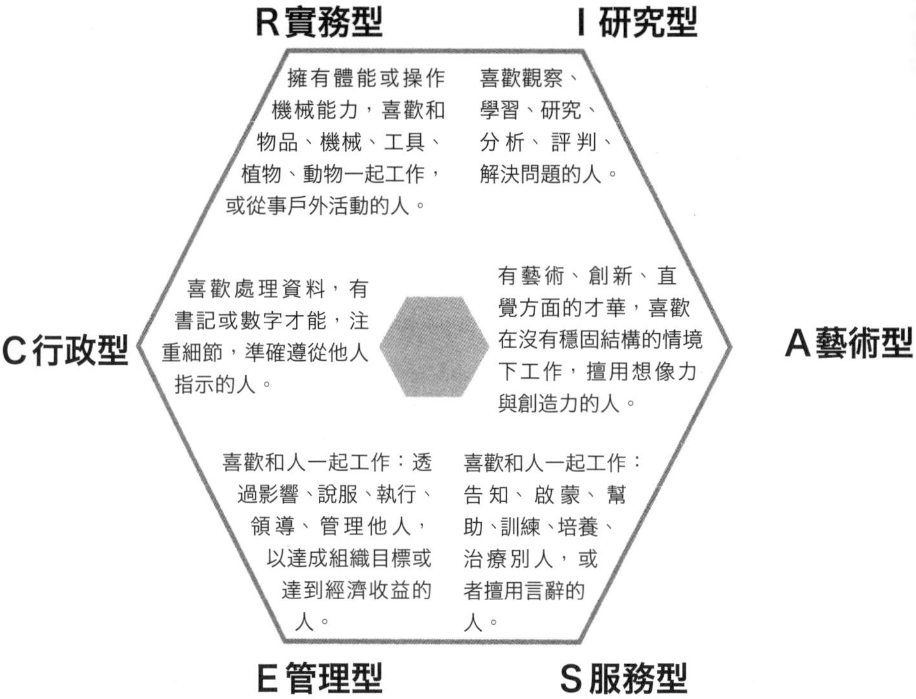
R實務型
I 研究型
擁有體能或操作機械能力，喜歡和物品、機械、工具、植物、動物一起工作，或從事戶外活動的人。
喜歡觀察、學習、研究、分析、評判、解決問題的人。
C行政型
喜歡處理資料，有書記或數字才能，注重細節，準確遵從他人指示的人。
有藝術、創新、直覺方面的才華，喜歡在沒有穩固結構的情境下工作，擅用想像力與創造力的人。
A藝術型
喜歡和人一起工作：透過影響、說服、執行、領導、管理他人，以達成組織目標或達到經濟收益的人。
喜歡和人一起工作：告知、啟蒙、幫助、訓練、培養、治療別人，或者擅用言辭的人。
E管理型
S服務型

2. 過了十五分鐘，那個角落的所有人都要去參加另一個派對，只有你留下來。在房間內剩下來的人當中，哪個角落或哪群人最吸引你，會讓你想和他們相處最久？

寫下那個角落的代號：

3. 過了十五分鐘，這群人也全都去別的派對了，只有你留下來。在房間內剩下來的人當中，哪個角落或哪群人最吸引你，會讓你想和他們相處最久？

寫下那個角落的代號：

你剛剛選的三個代號就是你的「何倫碼」。[26]

你的何倫碼是：

現在，把這組字母抄到第一片花瓣：「我偏好的同事或上司類型」中（完整的花朵圖在本章最後一頁）。這樣就完成了。

第一片花瓣，學習單＃2

圖表：榨乾精力的人VS創造精力的人

如果把眼光放長遠，和偏好類型的人共事到底為什麼重要？因為和不同的人合作會決定你是被榨乾精力，還是能夠激發更多潛力。別人要嘛拖垮我們，讓我們發揮不出實力；要嘛就是能推我們一把，讓我們達到最佳狀態，達成最棒的工作成效。

本節的習作可以幫助你分辨誰屬於哪一種人。你可能需要把表格謄到更大張的紙上，方便填寫，參見第一百八十八頁。

第一步當然是先填表格第一欄，然後是第二欄。填到第三欄的時候，你就需要一些輔助了。在第二欄那些惹你討厭的特質中，該怎麼判斷哪個最糟糕？你可以用優先排序表來算（對了，第七章示範的優先排序表剛好就是在做現在這個習作）。

完成優先排序表之後，再回到下一頁，把優先排序表區域D的前五名填入第三欄。如此一來，就得到一張負面清單，列出你最想要避開的狀況。但是，這個練習的最終目標是要列出正面清單，也就是知道你想找什麼。

所以，觀察你在第三欄填入的五項負面特質，在第四欄一一寫下這五項的對立面，或是幾乎相反的特質。這裡的相反不一定要是「完全相反」，比如說，要是你在第三欄填寫「時時刻刻都被嚴格監督」，第四欄的相反特質不見得要填「完全不受監督」，可以填「有限度的監督」之類的，全看你怎麼想。

要注意，你的負面特質清單是完全按照優先順序填入表格第三欄，所以與之相對的第四欄，也要對應第三欄的排序，以呈現你未來最想遇到的人格特質。

---

26 順帶一提，何倫常推薦大家把你那組代碼的六種排列組合全部列下來。也就是說，假設你測出來的何倫碼是SIA，可能的排列組合包括：SIA，SAI，IAS，ISA，ASI，AIS六種。如果你打算用這組代碼找出適合你的職業，這一步很管用。在搜尋引擎輸入：「何倫碼、職業」，就會出現相關介紹網站。

此外，何倫和我曾經把這套系統和白日夢結合，做法如下：列出所有你曾經夢想要做的事，然後，憑感覺猜想（用猜的就好）每件事代表哪三個何倫碼，寫在右邊。列完之後，你會得到好幾組何倫碼，每組的第一個代碼是3分，第二個代碼是2分，第三個代碼是1分（比方說，有一組何倫碼是IAS，I就得3分，A得2分，S得1分）。把你寫出的代碼配上分數，算出每個代碼的總分：R總共得幾分，I總共得幾分……找出得分最高的前三名，依序排列，這就是你的白日夢何倫碼。何倫對我說：「這其實是確定每個人屬於哪個類型最可靠的方式，但是除了你跟我，誰會相信這一套？」

第四欄	第三欄	第二欄	第一欄
我最想和哪種人一起工作，按照偏好順序排列 （寫出和第三欄那些項目相反的特質，按照相同順序排列） 1b. 2b. 3b. 4b. 5b.	我不想和哪種人一起工作，按照偏好順序排列 （依序排列第二欄列出的項目，按照的標準是：哪個最糟？哪個第二糟？……可以利用下一頁附的優先排序表決定順序） 1a. 2a. 3a. 4a. 5a.	（第一欄的工作環境）讓我很崩潰的人 （不要列名字，形容什麼特質令你崩潰就好，例如：囂張跋扈，老是拿個人問題來煩我，工作還沒做完就自己下班……不用管順序，至少在這一欄不用管）	我人生至今工作過的地方

項目少於十的優先排序表

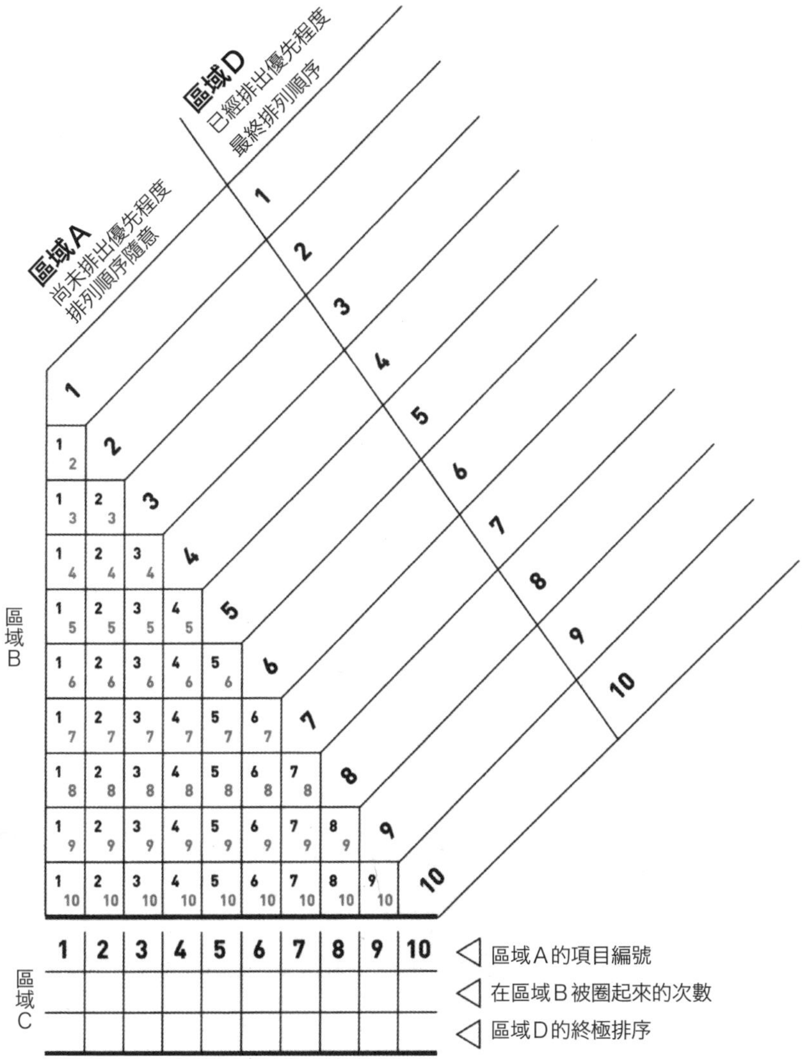

最後，把第四欄列出的前五名抄到第一片花瓣「我偏好的同事或上司類型」（花朵在本章最後一頁），就完成整片花瓣了。

現在，來看看你的其他面向。

我是一個……特別喜歡某些工作環境的人

第二片花瓣：環境

我偏好的工作環境

這片花瓣的目標：瞭解哪些工作環境會讓你做得最開心，因此發揮全力。

你的期望：避免過去的負面經驗再度發生。

填滿花瓣的形式：對物理環境的描述。

優良花瓣範例：我喜歡的工作場所要有很多窗戶，可以看見綠意的窗景，比較安靜，有正常午休時間，上下班打卡時間有彈性，附近有很多商店。

糟糕花瓣範例：老闆很體貼，同事人很好，客戶很有趣……之類。

糟糕的原因：這幾項屬於「我偏好的同事或上司類型」，不是現在這片花瓣，現在要聚焦於工作上的物理環境，不是「人際環境」。當然，這是你自己的花朵示意圖，理論上你可以把任何資訊放進任一片花瓣，不過假如你想讓思考脈絡保持清晰，最好還是認真區分「我喜歡怎樣的物理環境？」和「我喜歡怎樣的人際環境？」以及「我最喜歡和怎樣的客戶或消費者合作／解決怎樣的問題？」

工作的物理環境可能讓你精神奕奕，也可能讓你意興闌珊。決定是否接受某個職位之前，瞭解這一點非常重要。最管用的做法就是先找出曾經讓你不愉快的工作環境，再轉換成相反的舒適工作環境，就像上個習作那樣。在平地生長得很美的植物，種在三千公尺高的山上，往往就會枯死。同理可證，我們也要在特定的環境，才能真正發揮最好的工作效率。所以，「你最喜歡的工作環境是什麼？」這個問題，真正的意義在於：「在什麼樣的環境，你工作成效最好？」

第二片花瓣，學習單 #1

圖表：讓我如魚得水的物理環境

如同剛剛所說，找到這一題答案的最好方法，就是先回想過去的工作中，哪些環境讓你覺得不愉快，寫在下一頁的表格（如果你希望書寫空間多一點，可以先把表格謄到大張的紙）。第一欄先填入諸如「太吵」、「太被監視」、「沒有對外窗」、「必須早上六點半到公司」之類的環境特色。

和第一片花瓣的練習一樣，在填第二欄之前，可以利用十項優先排序表決定次序（參見「第一片花瓣，學習單＃2」）。

這一次，你運用優先排序表比較不同項目時，要設想的情境是：「假設我同時錄取兩份工作。在第一份工作，我完全不會接觸到討厭的工作環境1，但是會接觸到2；如果去做第二份工作，就可以擺脫2，但是會遇到1。這樣的話，我會選擇哪一份工作？」

完成排序後，把優先排序表區域D的結果抄到「討厭的工作環境列表」第二欄。

第二欄的項目已經按照優先順序排列，從最討厭一路排到沒那麼討厭的，接著就開始填第三欄，寫下第二欄每一項的對立面，或是幾乎相反的特質，順序要對應第二欄的項目。

把第三欄的前五名抄在花朵示意圖的第二片花瓣：「我偏好的工作環境」中（參見本章最後面）。

好，接下來再看另一個面向。

討厭的工作環境列表

第三欄 ＋ 讓我工作效率更高的環境	**第二欄** － 討厭的工作環境排序	**第一欄** － 討厭的工作環境	
我相信如果能在這些條件下工作，一定能發揮得最好 （和第二欄相反的條件，按照相同順序排列） 1b. 2b. 3b. 4b. 5b. 6b. 7b. 8b. 9b. 10b.	在第一欄列出的項目中，這幾項是我最不能接受的 （從最討厭的開始依序排列） 1a. 2a. 3a. 4a. 5a. 6a. 7a. 8a. 9a. 10a.	我從過去的經驗學到，如果我在這些環境工作，效率會變差：	我人生至今工作過的地方

項目少於十的優先排序表

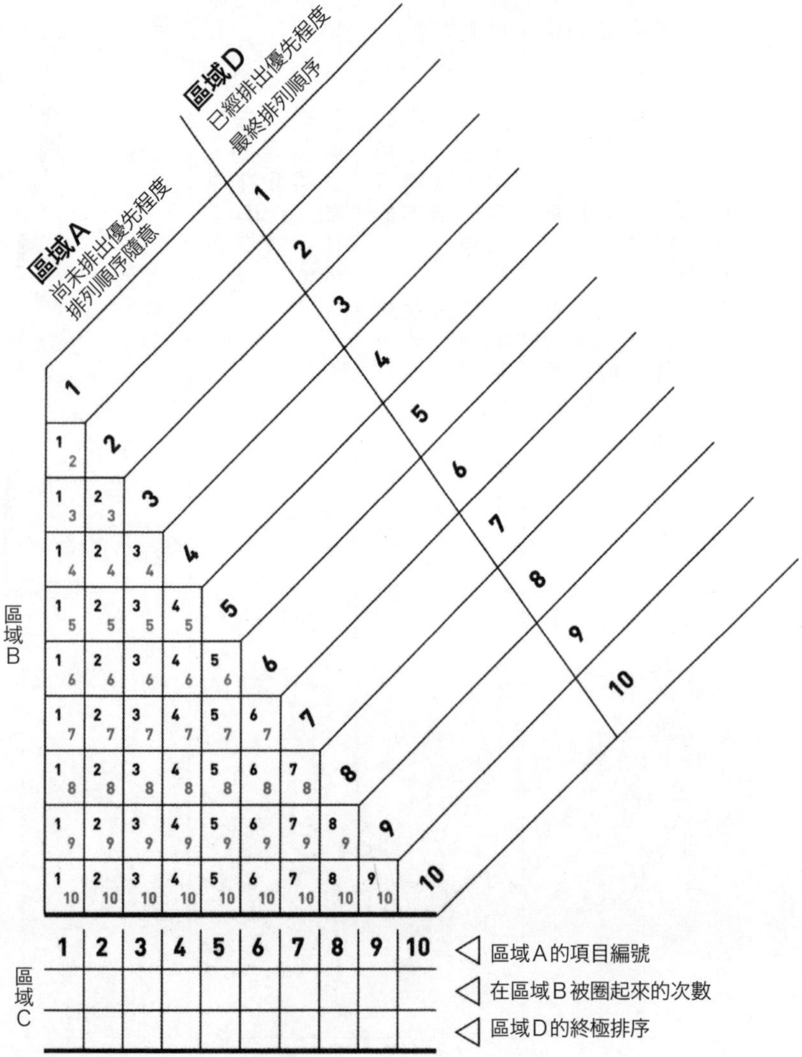

我是一個……可以做這些事的人

第三片花瓣：能力

我最喜歡的應用能力

這片花瓣的目標：找出你最喜歡的工作能力，這種能力必須能夠應用在任何領域。一定有些事是你天生就會做的，或者是小有天賦，並靠著後天努力更加精通。

你的期望：不只要找出自己能做什麼，還要找到自己最喜歡的能力。

填滿花瓣的形式：動詞（例如「分析」）。

優良花瓣範例：（這些故事代表我可以）創新、操作、分析、分類、指導、協商……。

糟糕花瓣範例：適應性強、有領袖魅力、值得信賴、反應靈敏、辦事周到、有活力、有毅力、多才多藝。

糟糕的原因：這些都是個人特質或自我管理的技巧，也就是說，這些詞彙都在描述你的行事風格。這當然也很重要，但卻和能力不同。話說，過去十年內出現一個新類別叫做「軟能力」，其實就是換個說法稱呼人際相處和自我管理能力，因為軟能力的例子通常都是「好的工作倫理」、「正向態度」、「擅於團隊合作」、「靈活應變」、「能

「承受壓力」、「能從批評中學習」等等。

第三片花瓣，簡介

關於能力、才華、技能的速成課

「能力」在職場的世界是個非常容易被誤解的詞，比如高中畢業的求職者會說：「我現在還沒有任何能力。」錯！

然後大學畢業生會說：「我花了四年念大學，所以還沒有時間培養任何能力。」還是錯！這種錯誤觀念甚至會延續到中年，尤其在一個人想轉換跑道的時候，會想：「我必須再念一次大學，接受再培訓，不然我沒有進入新領域需要的能力。」或是：「如果我要培養任何新能力，必須從最基層做起。」錯！

對於「能力」的錯誤認知，全都源於對這個詞本身的誤解。我必須說，有太多雇主、人資部門，和其他所謂「職涯專家」，都存有這種誤會。

只要瞭解這個詞，你就已經大勝其他求職者了。尤其如果你考慮轉職，這可以替你省下一大堆時間，不至於被「我必須回學校進修」這種愚蠢想法耽誤。我前面就說過，這裡再說一遍：你可能需要多學一點，但通常不必接受再培訓就能轉職，還可以跳到差別很大的領域。

每個人的情況不同，你無法立刻確定自己到底需不需要再進修，除非你完成這份自我剖析的所有練習。

所以，我們從頭來過。要簡單、精準、明確。什麼是能力？根據「《職業詞典》之父」已故的席德尼．范恩（Sidney Fine）定義，能力總共分為三種：技能、才華、以及其他隨便你叫的部份，也就是：

席德尼．范恩定義的三種能力

實務型（應用）能力	特殊知識	自我管理能力或特質
你會做的事 而且也喜歡做 （和資料／人／物品相關）	**你知道的事** 而且喜歡運用這些知識	**你的行事作風** 私下或和與他人相處
通常是動詞： 建造 創造 研究 繪畫 分析 監督 教學	通常是名詞： 圖像設計 物理學 數學 倉儲作業 簿記 宗教 資料分析	通常是形容詞： 適應力強 有自信 合群 可靠 熱情 有條理 應變靈活

實務型（應用）能力	特殊知識	自我管理能力或特質
你會做的事 而且也喜歡做 （和資料／人／物品相關）	**你知道的事** 而且喜歡運用這些知識	**你的行事作風** 私下或和與他人相處
通常是動詞： 描繪 組織 諮詢 修復 治療 創始	通常是名詞： 自動修復 3D建模 西班牙文 音樂 會議規劃準則	通常是形容詞： 有創意 活潑 能支援別人 耐性好 機靈 圓滑

第三片花瓣主要是針對**第一種應用能力**和**第三種自我管理能力**，第二種專業知識能力則留到第五片花瓣再談。那麼，就先來講實務型能力（或稱應用能力）吧。

近來有種流行，就是把應用能力再細分，包括「行為動詞」、「溝通或人際能力」、「軟能力」、「技術能力」、「研究與分析能力」、「管理、監督、領導能力」、「文書行政能力」、「問題解決與開發能力」、「金融能力」……等等。

可能你會覺得這種方法有幫助，如果是，你可以沿用這些類別。不過我對大部分人的建議是，簡單分成三類就好：

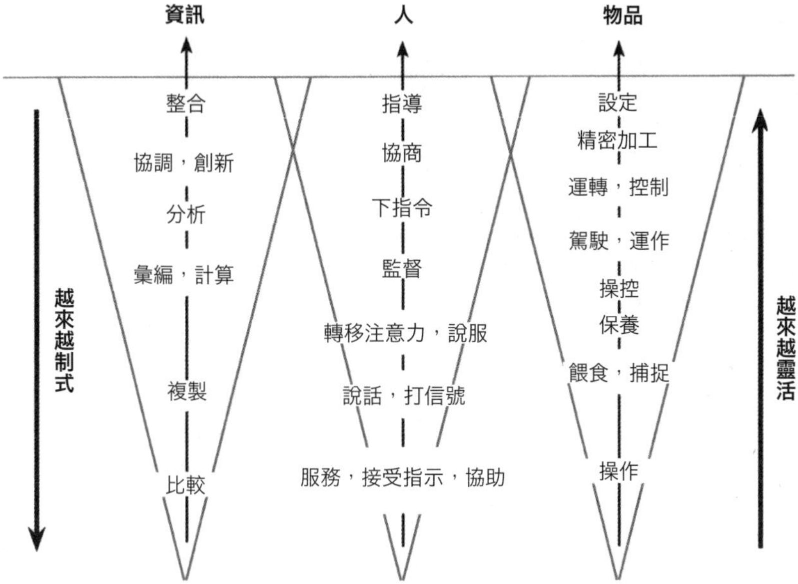

1. 這個能力是讓你拿來處理**資訊**、數據之類的嗎？
2. 還是面對**人**的時候用到的能力？
3. 還是使用**物品**的時候用到的能力？

專家席德尼．范恩又把這三類再往下細分，參見上方的倒三角形圖表，圖表的內容有點過時，但是他想表達的重點如下（這些概念絲毫沒有過時）：

1. 不管你選擇什麼工作或產業，你具備的應用（實務型）能力都是一切的基本單位，就像原子。

2.統整自己過往的經驗，列出你可以做到的最高階能力。

這個圖表呈現得很清楚，每一類能力都有最簡單的版本，再往上有更難、更複雜的項目，因此圖表以倒三角形呈現，最簡單的能力放在最底下，其他關於資訊、人、物品的能力則按照複雜程度，一路往上。

除此之外，有個基本原則是（當然可能有例外）：擁有比較高階的能力，表示你可以勝任在它之下的所有能力，所以你理所當然地可以說自己擁有那些能力。最好特別強調你擁有的最高階能力，並且用過去的經驗加以佐證（工作上或休閒上都可以）。

3.你的應用能力越高階，選擇工作的自由度越高。

如同圖表兩側箭頭所標示的，比較低階的簡單能力，通常被雇主限制得很嚴重，所以如果你只會這些比較簡單的能力，就必須想辦法「適應」——換句話說，你要按照上級的指示去做事，完全照辦他們交待下來的事項。你會的能力越高階，能獲得的自由度越大，越能照自己想要的方式完成工作，讓工作更適合你。

4.你會的應用能力越高階，不管找什麼工作，競爭都會越少，因為需要這種高階能力的工作往往不會透過一般管道公布。

分類廣告、履歷、仲介的老路不適合你，完全不適合。如果你擁有高等級能力，要找到相應的工作，必須跟隨我下一章介紹的步驟進行。

這種求職或轉職方式的要點，在於你找到自己最喜歡的應用能力和專業知識後，應該主動接觸感興趣的公司，不用管他們是否開出職缺。當然，用這種方式，不論你去拜訪哪間公司，面對的競爭者都會少很多，尤其是沒開職缺的那種。

如果你拜訪的雇主夠喜歡你，說不定會願意為你創一個本來不存在的職位。在這種情況，完全沒有人跟你競爭，因為你是新職位唯一的應徵者。我在前面提過，這種事雖然不是每次都會發生，但令我驚訝的是，實際發生的次數真的很多。之所以會如此，原因是雇主原本就考慮創一個新職位，已經考慮一陣子了，卻基於種種原因一直沒有實行，直到你出現在他面前。

他們決定設法留住你，畢竟好員工和好雇主一樣難尋。這時他們突然想起好幾周或好幾個月前想設置的職位，於是決定把這個點子拿出來撢撢灰塵，當場創一個職位出來，邀你留下來工作！假如這不但是他們需要的職位，也正好是你想找的，那你就得到你的夢幻工作了。你們一拍即合，創造雙贏。

（從國家的角度來看也很有趣：你主動出擊尋找工作，也幫助國家創造出更多職缺。在二十一世紀的今天，創造職缺對整個社會更顯重要。你既幫助了自己，也幫助了國家，多棒啊！）

5.別把應用能力和個人特質混為一談。

很多人會把實務型／應用能力和個人特質、性格、類型搞混，我們常以為應用能力就是「精力充沛，注重細節，和人相處得很好，很有決心，能承受壓力，有同理心，能堅持，有活力，可靠」……等等。這些都不是應用能力，而是個人特質、自我管理能力，或是你運用應用能力的行事風格。

舉例來說，假設你有個特質是「注重細節」，再假設你有個應用能力是「進行研究」，這時，「注重細節」就是在形容你「進行研究」的風格。

後面會進一步解釋這部份。

第三片花瓣，學習單＃1

能力圖表：分析七個讓你樂在其中的時刻

既然你知道應用能力是什麼了，現在需要解決的問題，就是找出自己的應用能力。如果你是少數清楚自己擁有哪些應用能力的人，你很幸運，祝福你。請直接按照你自己的偏好順序，把能力填到花朵示意圖裡。

但是，如果你不知道自己具備什麼能力（九十五％勞工都不知道），我們就得幫你一把。幸運的是，有個習作能幫上你的忙。

步驟如下：

1.寫下一段你的人生故事（七個故事中的第一個）

好啦，我知道，我知道你不想做這個練習，因為不想寫東西。能當作家的天才是很少見的。多年來，幾千個求職者都跟我說過這種話，原本我也信了，一直到「簡訊」出現之後，才發現：人類本來就是「寫作的動物」，只是需要一個能讓人真心投入或真正引發興趣的主題，比如自己的人生，才能激發出內心潛藏的寫作之神，用筆或鍵盤盡情發揮。

所以，你也可以把「生命中的七個故事」叫作個人的「離線部落格」，隨你高興，趕快開始寫就對了，拜託。

如果覺得七個故事很難想，不妨參考一下別人是如何選擇自己的故事。[27]

我回顧之後，發現自己選的故事：

◎和我人生的其他時候相比，很不尋常或是有點矛盾

◎公開呈現出我的能力

◎是關於一個和我的工作非常遙遠的領域（娛樂、學習等等）

◎這件事的結果，使我印象深刻

◎能呈現我面對挑戰／覺得自豪的一面，因為這件事：

○我本來做不到

○我身邊的朋友做不到

○原本我應該沒有能力做到

○我以為只有我爸爸／媽媽會做

○原本應該只有受過訓練的專家權威有能力做

○有人認為我做不到

○我的同儕做不到／沒有這麼做

○最優秀／傑出／有名的人才能做／也做不到

○我不具備做這件事應有的學歷／訓練

○通常是異性的人在做

◎我還想再做這件事，而且要：

○在相似／不同的情境下

○和相似／不同的人

○這次不收費用／這次要收費用

◎這件事讓我很興奮，因為：

○我之前沒有做過

○這件事是禁忌

○有身體上的危險

○要負擔財務上的風險

○以前沒人做過

○需要（身體／心智）長時間投入，持續努力

○讓我可以和某個人平起平坐

◎我當時很喜歡做這件事，因為：

○我就是喜歡這一類的事

○一起合作的人非常棒

○反正我沒有什麼損失

◎這件事可以支持／證明我已經選定的專業目標

27 這份清單是由丹尼爾．波羅所整理出來的（©1994）。

別忘了找找你在工作之外運用的能力，例如打電玩所使用或發展出的能力（戰略規劃、在多變的環境中導航、主動聆聽、溝通、合作等等）。這些電玩能力可以應用在各種工作領域，搞不好還能讓你拿到大學獎學金——至少在伊利諾州的羅伯特莫里斯大學可以。如果你真的完全想不到任何自己很享受的片刻、完成一件事的經驗，不如換個方式：描述你最開心的七份工作，或是你生命中扮演過的七個角色，例如：妻子、母親、廚師、家庭主夫、社區志工、公民、服裝設計師、學生……等等，說說你扮演每個角色時完成過什麼事。

好啦，下一步就是把想到的主題真正寫下來，以下是某人的第一個故事：

好幾年前的夏天，我想帶老婆跟四個小孩一起去旅行。我們預算很緊，負擔不起汽車旅館的住宿費，所以我決定把休旅車改造成露營車。

我先去圖書館借來幾本有關露營車的書，好好讀過。接著設計要做的零件，準備把休旅車的內部和車頂都換裝。然後買來需要的木材。我花了六個周末，首先在車道蓋好「二樓」的殼，是要放在休旅車車頂的。然後，我在殼上切出門窗，在裡面釘一座有六個抽屜的櫥櫃。我把殼固定在車頂，底部打進短木條，卡在車頂的貨架上固定。再來，我重新裝潢休旅車內部，在車後部的空間加裝一張餐桌，兩側各加一張長椅，全部都是我自己做的。

最後，在正式上路前，我裝配好這輛全自製的露營車，等旅行回來又把裝備拆掉。我們全家玩了四個星期，錢完全夠花，因為不用花錢住旅館。據我估計，整趟旅程不住汽車旅館省下的錢，大概有一千九百元美金。

以這個故事作為範例，你寫下的每個故事都要包含以下這些要素：

A.目標（你想要達成什麼事）：「某年夏天，我想要和老婆和四個小孩一起去旅行。」

B.你遇到的某種困難、阻礙、限制（個人考量或客觀因素）：「我們預算很緊，負擔不起汽車旅館的住宿費。」

C.描述你做了哪些事，如何完成每個步驟（解釋你如何達成最終目標，克服困難與阻礙）：「我決定把家裡的休旅車改造成露營車。我先去圖書館借了幾本有關露營車的書，好好讀過。接著設計要做的部件，準備把休旅車的內部和車頂都換裝。然後買來需要的木材。我花了六個周末……」

D.描述最終結果：「我們全家玩了四個星期，錢完全夠花，因為不用花錢住旅館。」

E.用一些量化數據表達你對成果的評價：「據我估計，整趟旅程不住汽車旅館省下的錢，大概有一千九百元美金。」

現在，你可以參考上面的範例，寫自己的故事。

不要選那種真的規模很大的故事，像是「我如何花了十年拿到大學學歷」，至少，一開始先寫些你完成過、也覺得很好玩的小事。

不要寫得太簡短，這不是在發推特。

2. 分析第一個故事，並根據能力量表，檢視你用到哪些應用能力

在下一頁的數字1，寫下你第一個故事的標題，然後完成1下面的表格，每一項都要問自己：「我在故事裡是否用到這個能力？」

如果答案為「是」，就用紅筆或其他顏色，將那一格塗滿。

分析第一個故事，填完整個「降落傘能力量表」。

3. 再寫下另外六個故事，依照相同的方式，分析故事裡出現的應用能力

好啦！你完成了第一個故事。但是俗話說：「一燕不足以成夏。」在第一個故事，你的確用上某些能力，不過目前還看不出什麼結果。你必須繼續寫下生命故事，最理想的狀況是寫滿七個，至少要寫五個，才能找出一套規律，發現每個故事裡反覆出現的能力。這些能力之所以反覆出現，是因為你真的很喜歡使用（只要你確實是選擇自己喜歡的故事）。

降落傘能力量表

你的七個故事

右邊每個號碼上方的空間，是要讓你依序填入每個故事的標題。先從第一個故事開始，寫完之後，給故事一個標題，填在號碼 1 的上方（可以把紙轉過來寫）。

和人有關的能力。根據故事，我可以……	1	2	3	4	5	6	7
創始、領導、做先鋒							
監督、管理							
跟隨指令，把事情完成							
激勵							
說服、販賣、招募							
諮商							
建議							
相互協調							
協商、解決衝突							
幫別人聯繫、牽線							
治療、療癒							
評量、評斷、款待							
傳達溫暖和同理心							
訪談、擷取							

提升他人的自尊心							
指示							
教學、輔導、訓練（個人、團體、動物）							
供人娛樂、消遣、搞笑、表演、演戲							
演奏樂器							
口譯、說或讀外語							
服務、照顧、忠實遵照指示							
和資訊有關的能力。根據故事，我可以……	**1**	**2**	**3**	**4**	**5**	**6**	**7**
運用直覺							
創造、創新、發明							
設計、用藝術相關能力、原創							
視覺化、包含三維空間							
想像							
運用大腦							
合成，把部件組成整體							
系統化，排出優先順序							
組織、分類							
觀察出規律							
分析、拆解							
處理數字、計算							
記住大量的人或資訊							
開發、改良							

解決問題							
計畫							
寫程式							
研究							
檢驗、檢查、比較，找出相同和相異處							
使用敏銳的感官（聽覺、嗅覺、味覺、視覺）							
鑽研、觀察							
彙編、做記錄、歸檔、檢索							
複製							
和物品有關的能力。根據故事，我可以……	**1**	**2**	**3**	**4**	**5**	**6**	**7**
控制、操控物品							
製造、製作、生產							
修理							
完成、修補、保存							
建造							
塑形、建模、雕塑							
切割、雕刻、雕鑿							
設置、組裝							
駕馭、照料、餵食							
運轉、駕駛							
操縱							
用不尋常的靈敏度或力量使用身體、手、手指							

所以，動手寫第二個故事吧，不論發生在人生的哪個時期都可以，寫完後，用能力量表分析故事……反覆進行這套流程，直到你分析完所有故事。花一個周末就能解決了！在這個周末，你可以仔細盤點自己的過去，如此一來，就會對未來想做什麼工作產生比較清晰的想法（當然，你也可以花好幾周完成這件事，或許是每週一天，一次花一兩個小時，要多快或多慢都隨你）。

4.規律與優先順序

好，盤點完過去所有的成就／成果／工作／角色等等故事，就能檢查填完的能力量表，找出規律和優先順序。

1.規律：我們想要的不是你只用過一次的能力，而是反覆用過很多次的能力。「一次」缺乏代表性，「很多次」就相當有說服力了。

2.優先順序，也就是哪種能力對你比較重要：前面提過，你最終選擇的工作可能無法運用你擁有的全部能力，所以你必須想清楚自己願意犧牲什麼、不願意放棄什麼。這表示，你必須知道哪種（或哪一類）能力，對你來說最重要。

項目少於十的優先排序表

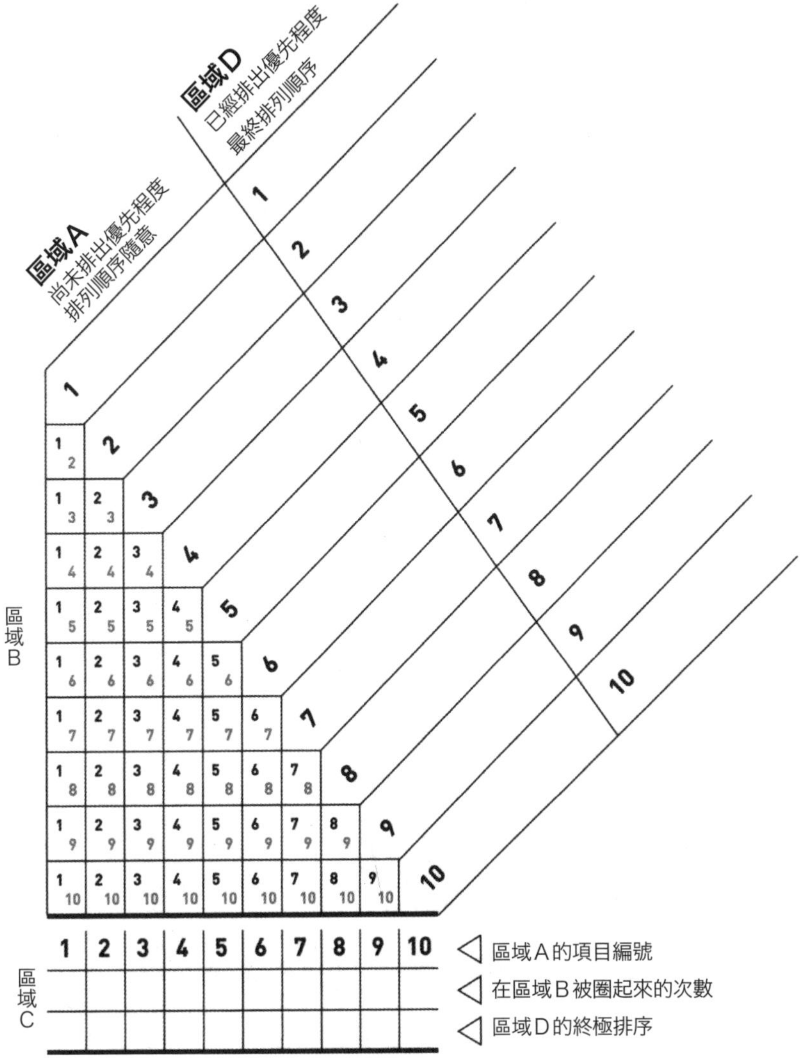

所以，完成七個故事之後（如果你很趕時間，至少也要寫完五個），回頭看一遍能力量表，猜猜看哪些是你最愛的十項能力。找出你覺得最有可能的選項，確保你選的都是自己最愛的能力——不是你覺得就業市場會最喜歡的，而是你自己最喜歡使用的。

找出你最喜歡的前十名能力，接下來要用精確的優先順序加以排列。運用十項優先排序表找出次序，完成區域D之後，將排好順序的前十名抄到這一頁的積木圖裡，另外也填到花朵示意圖中的「最愛應用能力」花瓣。

用積木呈現應用能力的好處是，假設我最愛的能力前十名如下：分析、教學、研究、寫作、診斷、合成、娛樂、分類、傳達溫暖、領導、激勵，我排好優先順序，依序填入積木圖，第一項就代表我想要找的工作或職業類別。如果我把「分析」放在最頂端的積木，可能就會去找分析師的工作；但如果我把「教學」放到最上面，可能就會找教師的工作，以此類推，如果是「研究」、「寫作」、「診斷」……我都可以找到對應的求職目標。

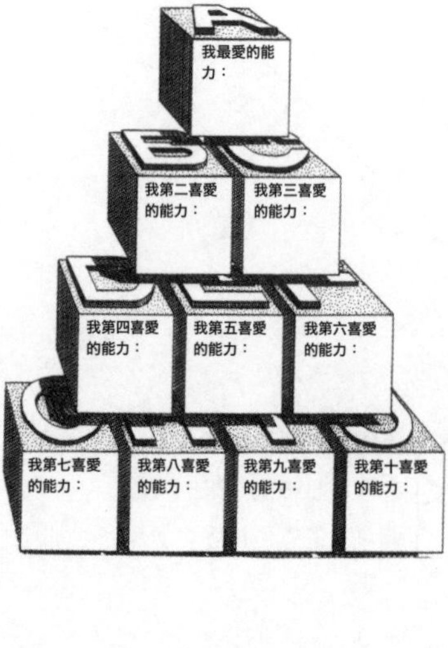

5.現在，來看看你的自我管理能力和個人特質

我最顯著的個人特質勾選表

我很……

□精確
□成就導向
□容易適應
□熟練
□很會找樂子
□有冒險精神
□警覺
□有鑑賞力
□果斷
□富於計謀
□有權威
□冷靜
□謹慎
□有個人魅力
□能幹
□貫徹始終
□能用熱情感染他人

□思慮周到
□有衝勁
□活力旺盛
□有力
□有精神
□熱情
□卓越
□仔細詳盡
□經驗老道
□老練
□很節儉
□堅定
□有彈性
□以人為本
□衝動
□獨立
□想法新穎

□不屈不撓
□執著
□有開創性
□實際
□專業
□有保護欲
□準時
□速度快
□講理
□現實主義
□可以信賴
□有本事
□負責任
□反應快
□有保衛能力
□能自我激勵
□靠自己

□樂於合作
□勇敢
□有創意
□堅決
□深思熟慮
□可靠
□勤奮
□善於交際

□博學
□忠誠
□有條理
□客觀沒有偏見
□心胸開放
□外向
□傑出
□有耐心
□一針見血
□敏銳

□敏感
□世故
□強悍
□能支持別人
□得體圓滑
□做事周密
□獨特
□不平凡
□多才多藝
□強壯

再看得深入一點。

大體而言，自我管理能力是描述：

你如何應對時間，是否反應敏捷。

你如何應對人和情緒。

你如何應對權威，知道該完成哪些交辦任務。

你如何應對上級的監督，知道該怎麼完成工作。

你如何應對自己內心衝動和自律造成的矛盾。

你如何應對自己內心主動和被動的兩個面向。

你如何應對危機或難題。

如果你想瞭解自己的個人特質或自我管理能力，可以從某些熱門的測驗尋找答案，例如邁爾斯—布里格斯性格分類指標、十六型人格測驗、人類性格指標測驗、凱爾西個人氣質分類等等，這些測驗都可以在網路上找到。

你可以利用自我管理能力，補充你關於最愛能力的描述，這樣一來，你的才華或能力就不會只是一個單薄的詞彙。

用「組織」舉例，你可以很自豪的說：「我很有組織能力」，這是個好的開始，初步定義你會做的事，可惜實在不夠精確。你擅長組織什麼？派對上的一群人嗎？技師工作檯上的螺絲和螺帽嗎？還是擅長組織大量資訊，這是屬於電腦相關產業的能力？這三種可能性截然不同，所以光是「組織」這個詞，不足以讓他人瞭解你到底屬於哪一種。

所以，再看一次你最愛的十項應用能力，問問自己，能不能為這個動詞找到一種動作的接受者（比方說某種資訊、某種人、某種物品），再加上某種自我管理能力、個人特質、風格（通常是形容詞），讓能力更加具體。

為什麼個人特質很重要？因為「我擅長用邏輯和細心來組織資訊」，以及「我擅長用一閃而過的直覺來組織資訊」，是兩項完全不同的能力。兩者的差異並不在動詞或動作接受者，而在於用來修飾的形容詞。所以你可以用這種方法，擴寫剛剛列出的十項最愛能力，使敘述更完整。

當你和「有權力雇用你」的人面對面，一定想要向對方解釋，自己和其他十九位實力相當的應徵者差在哪裡。通常，決勝負的關鍵就在自我管理能力或個人特質，亦即你解釋時使用的形容詞。

現在，再來看看你的第四個面向。

我是一個……人生有特定目標、企圖、使命的人

第四片花瓣：目標

我人生的目的或使命

這片花瓣的填滿目標：瞭解你人生中想遵循的倫理準則或精神價值。人生真正的勝

利在於奉獻自我，投入更宏大的目標或使命。

你的期望：找出自己對於人生目標或使命的定義。這可以幫助你選擇替什麼樣的單位工作——找出和你擁有同樣使命的公司即可。

填滿花瓣的形式：一段敘述，描述你想在人生的什麼領域做得更好，詳細呈現細節。

優良花瓣範例：我生命的目標是輔導人們的心靈。我希望每個家庭中有更多的信任、同情、諒解，因為我自己的家庭就是如此。

糟糕花瓣範例：世界變得更公平。

糟糕的原因：雖然是很好的志向，但是太籠統了，無法讓你瞭解自己要尋找哪方面的公平正義。

你必須先想像自己人生的大方向，而非只是接下來一年的工作目標。在人生旅程結束之後，你想在地球留下什麼樣的足跡？想通這個問題，你就能找出自己人生的特定目標與使命。如同約翰．何倫的名言：「在路途上，我們必須把眼光放得更遠，不能只看見車前燈照亮的部份。」路途指的就是人生之路。

第四片花瓣，學習單＃1

圖表：目標或使命的九大領域

大體而言，人生目標可以劃分成九大領域，一一對應我們的天性。觀察下一頁的圖表，問自己一個問題：哪個對你而言最具吸引力？是時候好好深思一下了（唉），慢慢看這張圖表，給自己一些時間沉思考慮。

以下是這九個選項的詳細介紹。你可以把九大領域當成真實存在的環境或場地，想像自己喜歡身處哪個廣場。

1.感官廣場。問題：你完成這趟生命旅程時，是否希望地球上因為你存在過，留下更多的美？假如答案為「是」，你最欣賞哪一種美？是藝術、音樂、花卉、攝影、繪畫、舞台表演、雕塑、服裝設計、珠寶設計，還是其他？如果這是你人生最主要的目的，寫一段文字描述這個目標。

2.身體廣場。問題：你完成這趟生命旅程時，是否希望地球上因為你存在過，所以有更多完整、勻稱、健康的人，受傷的人獲得治療，饑餓者得到飽足，窮困者有衣蔽體？具體而言，你關注的議題是什麼？如果這是你人生最主要的目的，寫一段文字描述這個目標。

3.資產廣場。問題：你是否最關注這個世界對財產的過度熱愛？你完成這趟生命旅程時，是否希望地球上因為你存在過，讓個人、社群、國家擁有的資產受到更好的管理？你是

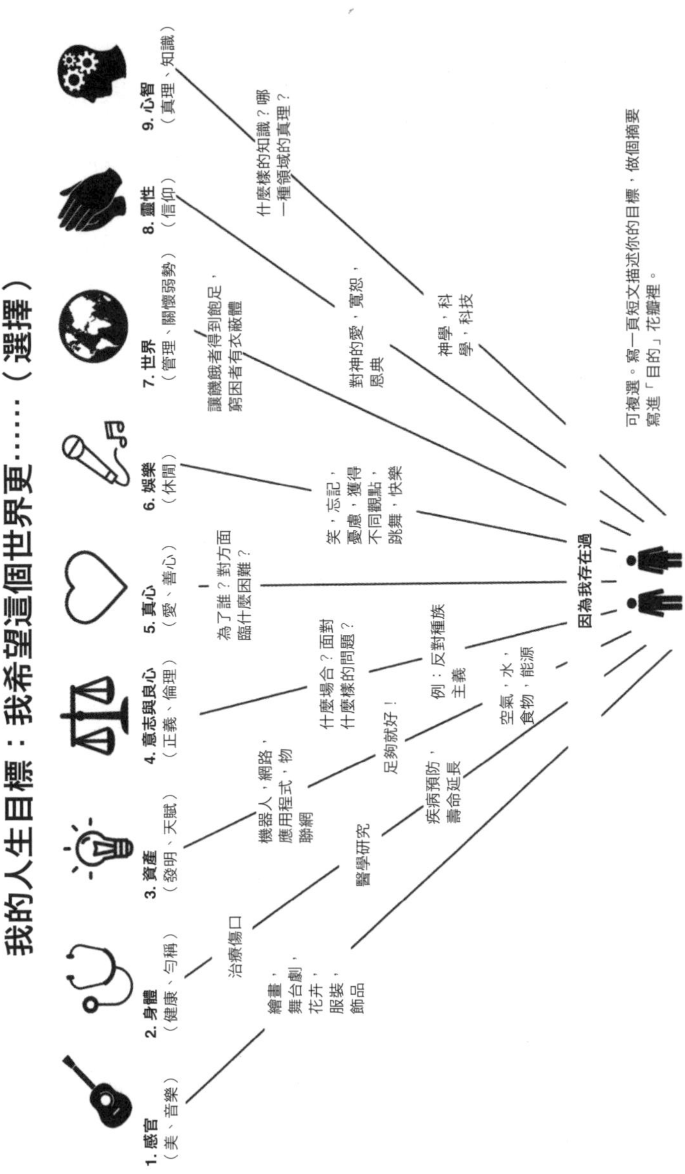
我的人生目標：我希望這個世界更……（選擇）
1. 感官（美、音樂）
2. 身體（健康、勻稱）
3. 資產（發明、天賦）
4. 意志與良心（正義、倫理）
5. 真心（愛、善心）
6. 娛樂（休閒）
7. 世界（管理、關懷弱勢）
8. 靈性（信仰）
9. 心智（真理、知識）
繪畫，舞台劇，花卉，服裝，飾品
治療傷口
醫學研究
機器人，網路，應用程式，物聯網
足夠就好！
疾病預防，壽命延長
什麼場合？面對什麼樣的問題？
例：反對種族主義
空氣，水，食物，能源
為了誰？對方面臨什麼困難？
笑，忘記憂慮，獲得不同觀點，跳舞，快樂
讓饑餓者得到飽足，窮困者有衣蔽體
對神的愛，寬恕，恩典
神學，科學，科技
什麼樣的知識？哪一種領域的真理？
因為我存在過
可複選。寫一頁短文描述你的目標，做個摘要寫進「目的」花瓣裡。

否想回歸簡樸，重視質感（而非數量），重新看重「充足」，而非一味追求「更多、更多」？假如答案為「是」，你最關注人類生命中的哪個部份？如果這是你人生最主要的目的，寫一段文字描述這個目標。

4.意志與良心廣場。問題：你完成這趟生命旅程時，是否希望地球上因為你存在過，所以更有倫理、公平、正直、誠實？你最關注人生或歷史的哪個面向？最關注的地理位置是哪裡？如果這是你人生最主要的目的，寫一段文字描述這個目標。

5.真心廣場。問題：你完成這趟生命旅程時，是否希望地球上因為你存在過，有了更多的愛與善心？是對誰或什麼事物的愛與善心？如果這是你人生最主要的目的，寫一段文字描述這個目標。

6.娛樂廣場。問題：你完成這趟生命旅程時，是否希望地球上因為你存在過，有更多人的路被點亮，更多人獲得不同的觀點，因為你的幫助暫時忘記憂慮，可以開心歡笑？假如答案為「是」，你最想貢獻世界的是哪一種娛樂？如果這是你人生最主要的目的，寫一段文字描述這個目標。

7.世界廣場。問題：你是否最關心我們立足的地球？你完成這趟生命旅程時，是否希望因為你存在過，讓這個脆弱的行星受到更多保護，對世界及宇宙更深入探索（探索，不是開發），使環境問題和能源都得到更多改善？假如答案為「是」，最吸引你內心的是哪些議題或挑戰？如果這是你人生最主要的目的，寫一段文字描述這個目標。

8.靈性廣場。問題：你完成這趟生命旅程時，是否希望因為你存在過，讓世界更具靈性、信念、善心、諒解，產生更多對神與對人類家庭不同形式的愛？假如答案為「是」，你看重哪個族群、年齡層、生命階段？如果你是這樣的人，你的目標就是進入靈性事業，或者也說是進入神的國度。如果這是你人生最主要的目的，寫一段文字描述這個目標。

9.心智廣場。問題：你完成這趟生命旅程時，是否希望因為你存在過，世界上有了更多知識、真理、明晰的思想？你最看重哪方面的知識、真理、思想？如果這是你人生最主要的目的，寫一段文字描述這個目標。

總而言之，別忘了，以上九項都是有價值的目標和使命，對這個世界都是必需的。問題是：哪一個目標最吸引你？在你這輩子，最想為哪一件事貢獻腦力、精力、能力、才華，以及整個人生？[28]

完成之後，寫一段摘要描述你對人生目標或使命的定義，抄到本章最後一頁的花朵習

28 順帶一提，如果你想做點好玩的事，可以打開電腦上網，隨便選一個搜尋引擎，在搜尋列輸入你選的領域（例如：心智），瀏覽搜尋結果，看有什麼引起你的興趣。

作：「我人生的目的或使命」花瓣。

第四片花瓣，學習單 #2

短文：你的人生哲學

在完成這片花瓣的過程中，你可能會遇上兩個難點。

第一個難點：即使很認真思考，腦海中還是一片空白。沒關係，如果你想要答案，就把這個問題放在心上不時思考一下，總會有一刻靈光乍現，打破僵局。或許是明天、下週、下個月，也可能是整整一年之後，要對自己有耐心。

第二個難點：這個習作一點也不吸引你。那好吧，你不用寫自己人生的目標或使命，不妨改寫你對人生的看法：我們為什麼誕生？你自己為什麼誕生？……等等。這類想法通常稱為「你的人生哲學」。

寫下你的人生哲學，單行間距，不要超過兩頁，文中要提到在下列各種元素中，你覺得那些最重要。挑選一下，沒必要每個都寫，只要花兩三句解釋你挑的元素就好。

美：什麼樣的美會觸動你？美存在這世界上的功能是什麼？

行為：你認為我們在這世上應有怎麼樣的作為？

信念：你最堅定的信念是什麼？
慶典：你喜歡什麼樣的娛樂或慶祝方式？
選擇：這件事的本質和重要性是什麼？
社群：你認為歸屬感是什麼？身在群體中的我們對彼此負有什麼責任？
善心：你認為善心的重要性和功能是什麼？
疑惑：你如何與疑惑共存、面對並處理？
死亡：你對死亡的看法是什麼？你認為人死後會發生什麼事？
事件：你認為事情發生的原因是什麼？如何解釋？
自由意志：我們究竟是「命中注定」，還是擁有決定命運的自由意志？
神：參見「至高的存在」一條。
快樂：人類生而在世，真正的快樂是什麼？
英雄：你心目中的英雄是誰？為什麼？
人類：你認為身為人類的重要性是什麼？我們對世界有什麼功能？
愛：你認為愛的本質和重要性是什麼？和善意、諒解、恩典等等類似概念有什麼不同？
倫理問題：你認為我們最應該重視、深思、解決的議題有哪些？
矛盾：你對於矛盾的看法是什麼？

目的：你為什麼在這裡？人的誕生是為了什麼？
現實：你認為現實的本質和組成要素是什麼？
自我：你的自我是否受到肉體的限制？相信自我的意義是什麼？
靈性：靈性在人類的生命中扮演什麼角色？我們該如何看待？
至高的存在：你對這種概念有何看法？你認為是什麼力量讓宇宙的所有元素聚集在一起？
真理：你對真理的想法是什麼？什麼樣的真理最重要？
獨特性：你認為是什麼讓每個人都獨一無二？
價值觀：你對人類的看法是什麼？對世界的看法是什麼？對你來說哪些事的重要性為優先？

寫完自己的看法之後，做一段摘要，抄到第四片花瓣「我人生的目的或使命」裡。

現在，繼續看你的另一個面向。

我是一個……擁有（而且喜愛）特定知識（或興趣）的人

第五片花瓣：知識

我最愛的知識、興趣、主題

這片花瓣的填滿目標：整理你腦中儲存的所有資訊。必填：你的過去──你已經很瞭解也樂於談論的主題。選填：你的未來──你還想要學習什麼。

你的期望：得到一些指引，瞭解自己最喜歡在什麼專業領域工作。

填滿花瓣的形式：以名詞為主，以下會說明。

優良花瓣範例：圖像設計、資料分析、數學、汽車修理技術、電玩、烹飪、音樂、電機工程學、經營管理、中文、3D建模軟體……

糟糕花瓣範例：敏捷、仔細、分析、堅持、溝通。

糟糕的原因：知識全都是名詞，糟糕範例裡的都不是名詞。確切說來，這五個例子分別是：個人特質（形容詞）、個人特質（形容詞）、應用能力（動詞）、個人特質（形容詞）、應用能力（動詞），總之就是像組合包一樣通通混在一起。那些當然也很重要，但是這片花瓣要集中在知識上。

在第三片花瓣說過，傳統上，有三種能力被統稱為能力。一是知識，就是這裡要講的；二是功能，也就是應用能力；三是個人特質，或稱自我管理能力。從前文的敘述，可以看出這份清單的一項大原則，也就是知識多半是名詞，應用能力是動詞，個人特質是形容詞。要是這樣分類可以幫助你理解，那很好；要是沒有幫助，那就忘了吧！這本書從頭到尾最重要的原則就是：如果某個定義、譬喻、實例可以幫助你理解，你就繼續沿用；如果讓你更困惑，就忽略吧！

第五片花瓣要填的是你最喜歡的知識／興趣領域，按照對你而言的重要性排列。

第五片花瓣，學習單 #1

問與答：讓你辨識你最喜歡什麼知識、主題、領域、興趣（隨便你怎麼叫）的十條捷徑

找一張白紙，記下你對這十條捷徑的答案，可以十條都做，也可以選其中幾條：

1. 你最喜歡的嗜好，或是你願意花最多時間的領域。電腦？園藝？西班牙文？法律？物理學？百貨公司？醫院？……列一張清單。
2. 你最喜歡聊什麼？捫心自問：假如你和一個人困在荒島，但這個人只能聊少數幾種主題，你希望他能聊哪些？

假如你身處一個聚會，和你聊天的人懂兩項你最愛的主題，你希望話題往哪個方向發展？談什麼主題？

假如你有機會和世界級的專家閒聊，時間長達一天甚至很多天，你希望和哪個領域的專家談談？上述問題如果觸發你任何點子，就全部寫下來。

3. 你喜歡讀哪些雜誌文章？什麼主題？你看到雜誌文章的標題是關於什麼，會特別感興趣？把任何想法寫下來。

4. 你喜歡讀哪些報紙文章？你看到報紙特別報導的標題是關於什麼，會特別感興趣？把任何想法寫下來。

5. 逛書店的時候，你最容易被哪一區的書吸引？那一區什麼主題的書讓你著迷？把任何想法寫下來。

6. 上網的時候，你最容易被什麼網站吸引？網站的主題是什麼？有什麼令你驚豔之處？把任何想法寫下來。

7. 看電視的時候，假如正在播益智問答節目，你會選什麼領域的問題？如果是教育性質的頻道，你會因為什麼主題停下來看？把任何想法寫下來。

8. 你正在瀏覽在你家附近開課（或是錄影教學）的課程目錄，你對什麼主題最有興趣？把任何想法寫下來。

9. 假如你有機會寫一本書，寫的不是關於你自己或其他人的人生，書的主題會是什麼？把任何想法寫下來。

10. 在大部分人的生命中，都有一些片刻，我們非常投入某種工作，以至於完全遺忘時間的流逝（必須要有某個人來提醒我們吃晚餐之類的）。如果你有過這種經驗，是什麼工作、什麼主題如此吸引你的注意，讓你忘了時間？把任何想法寫下來。[29]

第五片花瓣，學習單＃2

你學習過的所有事物表：漁夫之網

你可能需要把以下的表格謄到更大張的紙上，分別為四個區塊預留足夠的空白，再開始填表。

表格：漁夫之網

我人生至今學會的知識、主題或興趣
1. 我從過去的工作學到什麼
2. 我過去在工作以外的時間學會什麼

3. 我覺得什麼領域、職業、產業聽起來很有趣
4. 其他我曾有過的靈感、好點子、突發奇想

這個表格就像漁人撒下的網，目標是抓到越多魚越好，之後再從中挑選比較好的漁獲。我們從大處著眼。

要怎麼填這張表？就看你的選擇囉。你可能想要坐下來一口氣填完，也可能偏好把這張表放在皮包裡，隨時想到什麼就拿出來記，花兩三個星期完成：記下每一則突發奇想、每一次靈感、每一場突然回憶起的夢境、每一個直覺。這片花瓣很重要，非常重要，因為它可以幫助你發掘一個或好幾個想要工作的領域，所以絕對值得花一些時間完成。

以下是你在填表格的前三項時，可以參考的幾個提示。

第一部分　你從過去的工作學到什麼

如果你已經在職場打滾過一段時間，可能已經學到不少東西，甚至習以為常了。「這種

29 在這裡要再次感謝瑞士日內瓦學者丹尼爾・波羅，他給了我很多建議。

事我當然會啊！」這些知識說不定其實很重要，也許是本身很有價值，或是可以引導你達成更重要的成就。所以不要害羞，把細節全部寫出來。

例如，你學會的可能是：簿記、操作應用程式、過期帳戶債務追討、聘僱、國際貿易、管理、行銷、銷售、商品買賣、包裝、政策擬定、問題解決、疑難排解、公開演說、招募、會展籌備、系統分析、他國文化研究、外語、政府標案流程……等等。

回想你做過的工作，仔細思考你在過程中學到什麼工作體系或程序。舉例來說：「倉庫工作——學會如何操作堆高機和起重機、庫存管理、自動物流系統、倉庫管理系統、即時生產技術、團隊合作守則、監督員工的方法。」

或者：「在速食店工作——學會如何備餐及送餐、接待客人的方法、如何應變、如何處理投訴、如何訓練新進人員等等。」

第二部分　工作以外獲得的知識

寫下任何你出於興趣學會的知識體系，例如：古董、園藝、烹飪、預算編列、裝飾、攝影、手工藝、靈性、體育、露營、旅遊、修理東西、跳蚤市場、剪貼、縫紉、博物館藝術鑑賞、如何經營或參與志工機構……等等。

1. 想想你在高中或大學所學會、如今很高興自己擁有的知識：鍵盤輸入？中文？會計？地理學？晚點再想「這種知識對你來說重要嗎？」這個問題，現在，你要做的就是把網灑得越廣越好。

2. 想想你在培訓班、工作坊、研討會等場合學過的東西，或許和你當時的工作有關，也可能是你自己決定參加的活動。全部記下來。晚點再想「這種知識對你來說重要嗎？」這個問題，現在，你要做的就是努力把網灑得越廣越好。

3. 回想你在家學會的東西，可能是利用線上課程、手機程式、錄音課程（或許是通勤時在車上聽）、公共電視課程……等等。晚點再想「這種知識對你來說重要嗎？」這個問題，現在，你要做的就是努力把網灑得越廣越好。想到什麼都寫下來。

4. 想想看你踏入社會學到的事物，例如：如何籌辦快閃活動、如何組織抗議行動、如何為某個目的募集資金、如何跑馬拉松、如何修馬桶等等。晚點再想「這種知識對你來說重要嗎？」這個問題，現在，你要做的就是努力把網灑得越廣越好。把你想到的都寫在第二格。

第三部分　你有興趣的領域、職業、產業

大體而言，職業包含六大種類：農業、工業、資訊業、科技業、金融業、服務業。就這樣看過去，有沒有哪一項立刻吸引你的注意？如果有，就寫進這張表第三格。

以下整理出一份清單，請你根據清單，在圖表第三格抄下任何你想進一步瞭解的項目（最好是複選，給自己更多選擇與希望）。

□餐旅服務業
□行政及後勤支援服務
□農業、糧食、自然資源
□建築、工程、營造
□藝術、影音科技、通訊
□商業、營運、管理、監督
□社區與社會服務
□電腦與數學運算
□設計、娛樂、體育、媒體
□通路物流
□教育、訓練、圖書館
□休閒娛樂
□農林漁獵

□金融保險
□備餐與送餐
□政府與公共行政
□綠能產業或工作
□健康管理、健康科學、社會救助
□觀光餐旅
□公共服務
□資訊與資訊科技
□法律、公共安全、矯正、保全
□生命科學、物理、社會科學
□公司與企業管理
□製造業
□行銷、銷售、客服
□軍事相關產業
□採礦、採石、開採石油與天然氣
□個人護理服務

□生產

□專業、科學、技術服務

□保護服務

□不動產、房屋租賃

□宗教信仰相關產業

□零售業與相關產業

□科學、科技、工程、數學

□自僱

□運輸、倉儲、貨運

□公營事業

別忘了：職業、產業、工作都是活的，會誕生，會成長，會成熟，會開花結果，會凋零，最終也會死亡。有時這個流程需要耗費幾世紀，有時只要幾十年，甚至更短的時間。總之，大部分產業與職業都有一定的壽命，不論是被中國、墨西哥或其他想像中的敵人扼殺，還是其他原因，總之，這些產業總有一天會死去。

人的壽命有限，工作也是一樣。瞭解這個道理，你就能避免讓自己活在痛苦與埋怨中。

在現今世界，你隨時都要預先想好備案。

第五片花瓣，學習單＃3

替知識排出順序：最愛領域矩陣

你最愛的領域矩陣

高		
專業知識	3. 你沒什麼熱情但是具備很多專業知識的領域	1. 你很有熱情也具備很多專業知識的領域：**就是它了！**
	4. 你沒什麼熱情也不具備相關專業知識的領域	2. 你很有熱情但是缺乏相關專業知識的領域
	低　熱情	高

好，現在你完成了學習單＃2。你藉由學習單＃1和＃2，像漁夫一樣盡量把網撒得越廣越好，然後呢？

前面說過，下一步是從漁獲裡挑出最肥美的魚。你要把列出的項目全部看一遍，決定哪些知識、主題、興趣是你的最愛。又是排優先順序的時間囉。不過這次，我們要用不同的方法：拋開你已經很熟悉的優先排序表，改使用由「專業知識」和「熱情」兩條軸線組成的四個方塊，也就是矩陣。

你最好把這個矩陣謄到更大張的紙，再進行下一步。

把學習單＃1（十條捷徑）和學習單＃2（漁

夫之網）寫下的內容全部抄過來，不過在此之前，要先衡量你對每一項的專業知識理解程度（或不瞭解的程度），還有對這種主題或知識是否具備熱情，以此決定把每一項放進哪個方塊。

如果你沒有項目可以放進第四格，不用硬填。但如果你真的很想填滿每一格，可以在第四格寫些你不感興趣也很陌生的知識和主題，當做反例。我要強調：只要你有選擇權，那麼任何你既缺乏專業知識也不感興趣的領域，就是你未來找工作時一定要想盡辦法避免的領域。事實上，你的確有選擇權。

把學習單＃1和＃2的內容全部填進四大區塊，仔細看看你放了哪些進第一格（高專業知識、高熱情），挑出四五個你最喜歡的，如果想精確一點，可以用優先排序表排序。或許也可以從第二格挑一項，隨你高興，然後把這幾項寫進第五片花瓣。

好啦，你最喜歡的主題、知識、領域、興趣（隨便你怎麼定義）已經找出來了。你可以繼續向前，探索第六個面向。

我是一個……偏好某種等級的責任與薪資的人

第六片花瓣：薪資

我偏好的責任與薪資等級

這片花瓣的填滿目標：讓你對必須賺多少錢（或希望賺多少錢）有比較務實的概念。

你的期望：一個範圍。因為，大部份雇主心中設想的數字也是一個範圍。你在和雇主協商薪資的時候，如果對方是較具規模的公司，你會希望自己設定的最低薪資範圍接近對方的最高薪資範圍。

填滿花瓣的形式：你一週、一個月、一年所需金錢，用千元（代號K）表示。

優良花瓣範例：75K至85K

糟糕花瓣範例：300K

糟糕的原因：首先，這不是一個範圍，你應該要訂定一個範圍；其次，你訂得太高了，除非你真的有正當合適的理由，證明這個價碼算是合理。

第六片花瓣，簡介

關於金錢的速成課

金錢很重要。少了錢，我們只能用比特幣之類的虛擬錢幣，或用以物易物的方式換取食物、衣服、居所。所以，一旦沒有工作，除非你有大筆存款或是投資，否則不免會想：「我該做什麼，才能有足夠的錢買吃的、買穿的、有房子住，如果有伴侶或家人的話還能養活他們？」

快樂也很重要。所以我們也可能會想：「我實際上應該賺多少，才能活得快樂？」

金錢和快樂這兩個煩惱彼此有關聯嗎？金錢買得到快樂嗎？

一部份可以。只有一部份。一項二〇一〇年發表的研究針對四十五萬美國人進行每日調查，收集結果，發現一天天下來，收入越少的人越容易不快樂。[30]這種結果大概在意料之中，而且，按照改善的百分比來計算，錢賺得越多就越快樂，這裡的快樂指數是用一天當中微笑、大笑、喜愛、愉快等情緒出現的頻率與強度，對比悲傷、憂慮、壓力出現的頻率與強度，加以衡量。

所以，金錢確實買得到快樂。不過，也只有一定的限度。研究發現，這個限度大約在年收入七萬五千美金（約兩百二十七萬台幣）；根據二〇一一年末的統計，一般美國家庭收入的中位數是五萬一千四百一十三美金（約一百五十六萬台幣）[31]。如果賺的錢超過七萬五千美金，當然會繼續提升對生活的滿意度，但是卻不會因此更快樂。年收入超過七萬五千美金的人，在報告中往往抱怨自己沒有足夠的時間和喜歡的人相處、享受休閒娛樂、體驗生活的小確幸。快樂是奠基於這些事物，以及其他重要元素：身體健康，良好的親密關係，親近的朋友，對生活有所掌控的感覺，精通某件事，因為擅於做某些事而受尊敬、受讚美、甚至被愛。

所以說，這片花瓣無法獨立存在，始終和其他花瓣密切相關。更精確地說，是和你喜歡做什麼事、喜歡在哪裡做事有關。

但是，談到理想工作或職業時，仍然應該事先考慮薪水的問題。當然，工作等級又和薪資息息相關。因此，你應該先問問自己：

1.你的理想工作是什麼等級？

所謂等級，關乎你在公司裡面想要承擔多少責任：

◇ 老闆或執行長（這表示你必須開創自己的企業）

◇ 經理或其他直接執行老闆命令的職位

◇ 小組領導人

30 丹尼爾．卡尼曼（Daniel Kahneman）和安格斯．迪頓（Angus Deaton），《國家科學院學報》（*Proceedings of the National Academy of Sciences*），先發版本，二〇一〇年九月六日。

31 數字來自分析公司森提爾研究（Sentier Research）的保羅．戴維森（Paul Davidson）所作〈二〇一一年底，美國家庭收入中位數成長四%〉（"U.S. Median Household Income Up 4% at End of 2011"），《今日美國》報（*USA Today*），二〇一二年二月九日。

◇等級相當的員工組成的團隊成員

◇和另一位夥伴共同工作

◇獨自工作：擔任公司內的員工或顧問，或者是自僱者

仔細考慮，和朋友或家人討論，以兩三個詞總結你（目前）的答案，寫進花朵示意圖第六片花瓣「我偏好的薪資與責任等級」。

2.你的目標是多少薪水？

在這裡，你必須思考一個範圍，而非只訂出單一數字。決定範圍的一種方法是，想想你要的最低及最高薪資分別是多少。

最低薪資是你為了維繫生活所需，最少應該賺取的金額。順便一提，你一定要先瞭解自己的日常花費水準，才能前往任何公司面試（或者是，假如你要自己創業，你必須知道要有多少收益才能維持下去）。你不能一直入不敷出，這樣沒辦法生活。

最高薪資可以是任何異想天開的數字，不過更有幫助的是，實際衡量自己目前的能力與經驗，假想自己真的為一個出手大方的雇主工作，估計一個你認為可以賺到的數字（如果你估出的最高薪資還是低得可憐，不如寫下你希望五年後可以達到的薪資水平）。

第六片花瓣，學習單＃1

預算：記錄你實際花了多少錢，推估希望可以花多少

很多求職者和轉職者找工作時，會先設定一個能供應自己日常所需的預算。下一頁有些簡單的指引，告訴你需要考慮哪些開銷。寫下你每個月在每種類別用掉多少錢，如果你認為表格中少了哪種類別，直接補上去。

很多人不想預設自己應該花多少錢，比較偏好記錄自己實際上如何花錢，藉此估出預算。你可以每天晚上拿筆寫下一日開銷，但如果你能夠用電腦或行動裝置上網，就有更好的選擇了，很多應用程式讓記帳更方便，好消息是：這些程式操作很簡單，而且通通免費。弄清楚自己實際花多少錢之後，就更容易推估自己希望有多少錢花，訂出比較務實的預算。

不論你用什麼方法，只要訂好每月預算，就該算點數學了。

把每月預算乘以十二，得出一年總開銷。

把一年預算除以兩千，就會得到接近你所需最低時薪的數字。換句話說，如果你每月預算是三千三百三十三美金，乘以十二等於一年約四萬美金；再把四萬除以兩千，你所需的最低時薪就是二十美金。

你也要寫下你想賺的最高薪資（夢想，夢想，夢想就對了）。寫完之後，把最低和最高

的數字，和其他能夠說明你如何訂定最高薪資的備註，寫到第六片花瓣「偏好的薪資和責任等級」中（也可以記下你想要的「非金錢」報酬，請參考第六片花瓣的學習單＃2）。

住

房租或房貸……………………＿＿＿元

電費／瓦斯費……………………＿＿＿元

水費……………………＿＿＿元

電話費／網路費……………………＿＿＿元

垃圾處理費……………………＿＿＿元

清潔、保養、維修[32]……………………＿＿＿元

食

在超市或農夫市集等地的花費……………………＿＿＿元

外食……………………＿＿＿元

衣

買新衣或二手衣……………………＿＿＿元

洗衣、乾洗……………………＿＿＿元

行

汽車貸款……………………元

燃油（誰知道多少錢？[33]）……………………元

保養……………………元

大眾運輸（公車、火車、飛機）……………………元

保險

車……………………元

健保……………………元

房屋和財產險……………………元

壽險……………………元

醫療花費

掛號費……………………元

藥費……………………元

健身花費……………………元

養家的支出

照顧小孩的開銷（如果你有小孩）……………………元

小孩撫養費（如果你需要付）…………____元

給父母的錢（如果你幫忙分擔）…………____元

慈善／捐款（幫助別人）…………____元

教育費

小孩學費（如果你有正在上學的小孩）…………____元

你的學費（成人班、求職課程等等）…………____元

照顧寵物的開銷（如果你有養寵物）…………____元

帳單和賒帳（通常每月繳一次）

信用卡帳單…………____元

地方店家賒帳…………____元

其他每月要付清的款項…………____元

稅

綜合所得稅（把費用除以十二）…………____元

地價／房屋稅（把費用除以十二）…………____元

稅務輔助（如果你聘請會計師，或花錢請一個朋友幫你算之類的）…………____元

儲蓄…………____元

退休金……………………元

娛樂／其他花費

電影、電視節目隨選串流等等……………………元

其他娛樂形式……………………元

報紙、雜誌、書……………………元

禮物（生日、聖誕節等等）……………………元

渡假……………………元

你每月需要的預算總額＿＿＿＿元

第六片花瓣，學習單 #2

補充習作：金錢以外的報酬

如果你想做這張學習單，請在清單勾選想要的選項，並把答案按照重要性排序，再填進

---

32 如果你有其他居住類的開銷，例如保全系統，記得補充在這裡，如果是每季繳一次費就除以三。

33 這類開銷可以從你的支票存根和網路銀行紀錄查到，你可能不太清楚自己的現金和信用卡花費，比方說，你大概不知道在超市買了多少錢，加油花了多少錢等等。不過，有很簡單的方法可以知道。用智慧形手機或平板連續紀錄兩週（有專門記帳的應用程式），把所有現金（或信用卡）的花費記下來，付完錢立刻記。兩週後，你就可以參考這些紀錄，把這些你現在覺得很模糊的項目估計出來（把兩週的紀錄乘以二，就是每月開銷）。

第六片花瓣。

補充習作

你說不定希望下一份工作除了金錢以外，還能帶來其他收穫。你想要的報酬可能有：

□冒險　　□發揮創意的機會
□挑戰　　□幫助別人的機會
□尊敬　　□領導別人的機會
□影響力　□做決策的機會
□受歡迎　□運用專長的機會
□名氣　　□帶領別人認識信仰的機會
□權力　　□其他：
□和共事者互相智力激盪

現在，來看你的第七個面向。

我是一個……偏好在特定地區生活的人

第七片花瓣：地理

我偏好的居住地

這片花瓣的填滿目標：（如果可以自由選擇）決定你最想在全國或全世界的哪個角落工作與生活，在那裡會過得最快樂；釐清退休之後想要生活的地方，和伴侶達成協議（如果你們之間為此產生衝突）；或是決定你下一份工作在哪裡。

你的期望：瞭解自己現在或往後追求什麼樣的生活。「現在」是如果你現在有能力搬家，想要明智選擇搬去哪裡；「往後」是如果你因為「必須照顧小孩或生病的父母」，或者其他原因，現在必須留在一個特定地方，搬家就變成未來的計畫，也許退休之後，也許更早。趁現在開始思考未來很重要，因為機會往往會出現在最預料不到的時刻，就這麼和你擦身而過，除非你已經事先考慮好，能夠在當下立刻辨識機會。

填滿花瓣的形式：你可以寫得籠統一點（市區、市郊、鄉下、山裡、海邊、海外）；如果你已經準備好要搬，也可以寫得很精確，點出具體的地區名字。這個習作會教你怎麼做。

優良花瓣範例：第一順位：懷俄明州傑克森市；第二順位：火奴魯魯；第三順位：紐約市。

糟糕花瓣範例：西部；市郊；下雪。

糟糕的原因：範圍太廣了，對於做決定沒有什麼幫助，而且沒有按照優先順序排列，花瓣裡的內容都應該照優先順序排列。

第七片花瓣，學習單#1

圖表：我對以前居住地的好惡

這個習作的操作說明：

把這一節最後所附的表格謄到一張更大的紙，或者去文具店跟超市買一張厚紙板。如果你的伴侶要一起做這個習作，請他們也自己做一張，這樣你們就可以各自進行，不會互相干擾。

現在告訴你怎麼填這些表格。

第一欄：列出你住過的所有地方（如果你的伴侶一起做，也請他在自己的紙上列自己的清單）。

第二欄：列出每個地方讓你討厭的缺點。這些缺點不需要一一對應第一欄的地點，第一欄只是給你一個提醒，讓你方便回想。

如果同樣的缺點一直出現，第二次開始就在那一項後面打勾，每出現一次打一個勾。繼續回想，直到你列出那些地點中所有令你討厭的缺點。現在，其實你可以丟掉第一欄了，直接忘掉它吧。你只需要第二欄所列的缺點，第一欄的任務已經結束了。

如果你在過程中想起什麼很喜歡的優點，可以列在第三欄的底部。

第三欄：觀察第二欄列出的缺點，嘗試在第三欄列出每一項的對立面（或接近相反的特點）。舉例來說，「完全沒有晴天」的相反，可以是「一年裡有很多天放晴」。不需要徹底相反，比方說「老是下雨」的反面，不一定要是「天天放晴」，可以是「一年至少有兩百天放晴」，全看你的想法。繼續做下去，把第二欄的每個缺點都反轉成正向的優點，寫進第三欄，別忘了加進你在填第二欄時先寫在第三欄底部的優點。

第四欄：把第三欄列出的優點，按照對你而言的重要程度排序，從最重要排到最不重要。設想，如果你內心描繪出一個新的鄉鎮、城市或什麼地方，你待在那裡會很開心很有活力，你最先注意到的會是什麼？是好天氣嗎？犯罪率低嗎？有好學校嗎？還是容易接觸藝文活動，例如音樂、藝術、博物館等等？或是房租或房貸便宜？……在第四欄替所有優點排出優先順序，可以利用前面做過的十項優先排序表。

展示與描述：做完之後，在另外一張白紙列出前十項優點，按照重要性排列。接下來的十天，你要對見面的每個人展示這個表，問他們：「你能不能想到什麼地方具備這十項優點，或至少符合前五項？」在背面記下所有他們想到的地點。十天之後，觀察紙上記的地點，圈出三個你最感興趣的地方。如果你朋友和認識的人講的地方都只有部份符合你想要的優點，你要確定符合的部分是你覺得最重要的。

第五欄：現在你已經有幾個可以進一步研究的地名，想想哪個是你最想去住的地方，以防萬一，也想想哪個是第二名，哪個是第三名。把這三個地點填入第五欄，也把前三名和你最注重的五大優點，抄到花朵示意圖的第七片花瓣：「偏好的居住地」。

第六欄：如果你是和伴侶一起做，可以跳過第五欄。完成第四欄之後，看看伴侶的第四欄，把內容抄到你的第六欄。假如你在第四欄用的編號是123，那最好換個系統表示伴侶的清單，例如用abc編號。

第七欄：現在，你們兩個可以把彼此的第四欄和第六欄整理到各自的第七欄裡。整理的格式是：先列出伴侶最看重的優點（a.），再來是你最看重的優點（1.），再列伴侶第二看重的優點（b.），然後是你第二看重的（2.），以此類推，一路列完二十項（你和伴侶）最喜歡的地理特點，照重要順序排列。如此一來，你們就可以用同一張表了。

展示和描述（雙人版）：縮小範圍，把第七欄的前十名抄到一張空白紙上，不必將二十項全部列出。接下來十天裡，你們都要給每個見面的人看這張紙，然後問一樣的問題：「你能不能想到什麼地方具備這十項優點，或至少符合前五項？」在背面記下他們想到的任何地名。十天過後，你和伴侶就可以研究紙張背面的選項，一起決定哪三個地方最吸引你們。如果這些地方都只有部份符合你們想要的優點，你要確定符合的是你們兩個都覺得最重要的，也就是第七欄排名較前面的特點。

第八欄：這就是最終結果：可以進一步研究的三個地名，比較之後，你們就能決定住在哪裡兩個人都會最開心，別忘了列出第二名和第三名以防萬一。把三個地名填進第八欄。

最後，你們可以把前三名地點和雙方最注重的五個環境優點，抄到花朵示意圖的第七片花瓣「偏好的居住地」。

第七片花瓣的總結

看起來好像太繁瑣了嗎？你也可以索性用這個方法：把一張地圖（國內或其他地方都行）固定在飛鏢盤，讓家裡每個人扔飛鏢。有個家庭因為一直無法達成共識，就嘗試這種方法，看看最多飛鏢射中的地方是哪裡（投出來的結果是：丹佛！所以他們就決定搬去丹佛了）。

我的地理環境偏好 只給我自己的決策步驟				
第五欄	第四欄	第三欄	第二欄	第一欄
符合這些條件的地點	優點的重要程度排序	和缺點相反的優點	過去經驗：缺點	我住過的地方
	1. 2. 3. 4. 5. 6. 7. 8. 9. 10.	以前住過的地方我喜歡的優點	我以前不喜歡、以後也不會喜歡的缺點	

我們的地理環境偏好 給我和伴侶的決策步驟		
第八欄	第七欄	第六欄
符合這些條件的地點	整合兩個人列出的優點（第四和六欄）	伴侶偏好的優點排序
	a. 1. b. 2. c. 3. d. 4. e. 5. f. 6. g. 7. h. 8. i. 9. j. 10.	a. b. c. d. e. f. g. h. i. j.

項目少於十的優先排序表

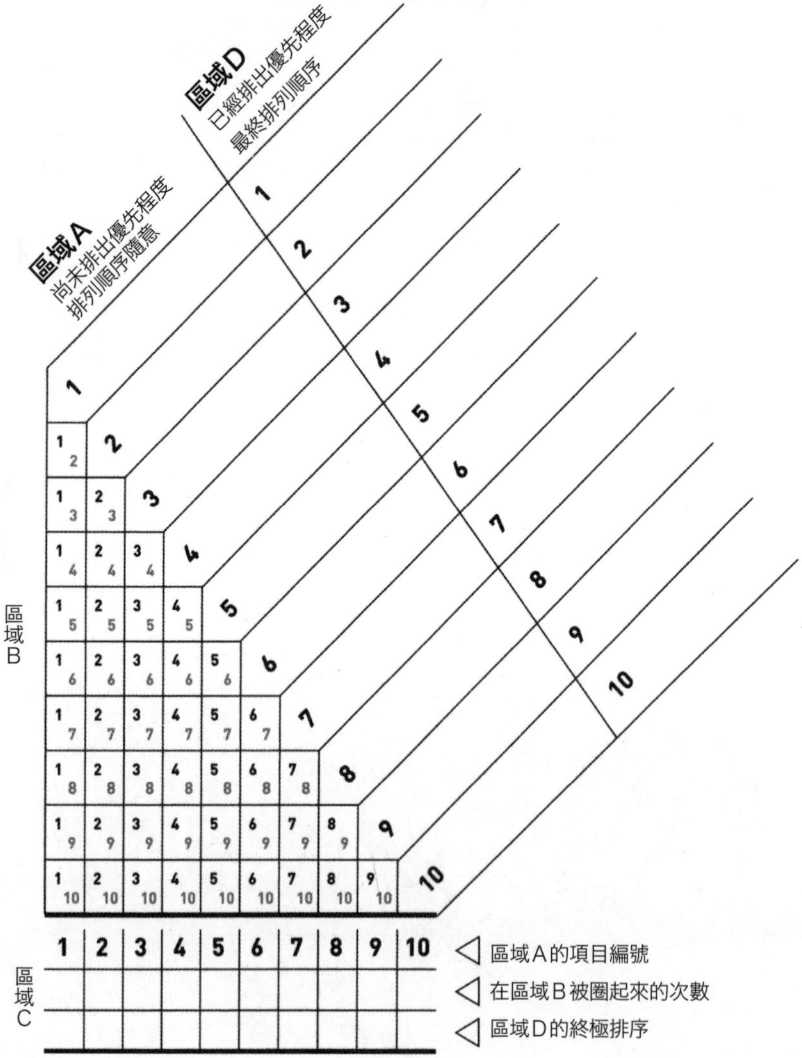

我是一個……已經填滿整朵花的人

有讀者要求看完整填滿的花朵範例。里奇．費勒是我在一九八二年的學生，現在是世界知名的教授，也曾是美國國家生涯發展協會的前主席，他填好的花朵範例如本章兩百六十一頁所示。他說，「這張紙」自那堂課之後一直伴隨著他，成為引領道路的明燈（當時的花瓣設計有點不同）。

理奇．費勒畫出這幅完整的自我「圖像」已經是超過三十年前的事，以下是他的心得，說明了這幅圖像的功用，解釋「這張紙」怎麼幫助他，他又如何使用這張紙改變人生。

降落傘花朵對我的意義

這朵花給予我的收穫，超過我整個學術生涯獲得的一切，令我有希望、方向，指引我實現滿意的人生。在人生的危機時刻、職涯轉變、想要拓展工作範圍的的時候，我借助這朵花來決定人生方向，幫我看清並堅持個人的理念。從很多層面來看，這朵花都是我的「明燈」。花瓣裡填的內容，一直是我所有成就感與滿足感的核心。

一九八二年，我參與理查．波利斯開設的兩週工作坊，第一次完成屬於自己的花朵示意圖。在那之後，我決定把這個方法教給別人，由於擔任教職，我有很多機會做這件事。至今，我已經把花朵習作教給幾千個顧問、職涯發展專家、人資專家，也一直靠它應對客戶，甚至訂定我自己的階段性退休計劃。

令我震驚的是，經過這麼多年，我的花朵內容改變非常少。這朵花就是我最好的一面，花瓣是指引我的羅盤，我「最喜歡的能力」是一面鏡子，映出快樂的每一天。我相信「這張紙」呈現出的智慧。自一九八二年以來，這朵花引導我工作和生活，也幫助我和妻子一起定義對兒子的期望。

填寫這張紙、根據紙上的內容行動，教導我很多。說得明確一點，**我學會遵循以下這十件事的重要性，即使表面看似違反研究與學術經驗告訴我的一切，也不會懷疑。**

這十件重要的事情是：

1. 追尋自己的熱情，肯定自己的力量，尊重能力鑑別的結果。
2. 社會上對和諧與成功的定義。
3. 貢獻心力投入比自身更宏大的使命。
4. 真誠、快樂生活。
5. 重視對自己來說重要的事，以及這些事帶來的機會。
6. 在自己做的每件事中找到樂趣。
7. 專注於維持健康、滿足的生活。

8.自己有責任認清並規劃出「自我的可能性」。
9.不卑不亢的讓世界知道自己想要什麼。
10.「引導」他人進入豐足的世界：在這個世界每個人都是獨特的個體，重視自己的人生意義與目標，勝於追求財富、或勉強符合社會期待，或只求融入世界。

在二十一世紀，科技進步，職場日趨全球化，衝擊我們原本對於人生角色的認知。如果我們還想保有對人生的選擇權，就必須保持頭腦清晰、學著更加靈活、時時認明自己的發展計劃。所以，我在自己的花朵裡加上這四個重點：擁有、實踐、學習、給予。也就是說，我會保留（而且不時更新）一份清單，列出哪十種事物是我想要：

1. 擁有
2. 實踐
3. 學習
4. 給予

透過不斷練習思考這四個問題的答案，我就能衡量出自己的成長與演變。

很幸運有這個機會，和其他人分享我從「理奇的花朵」裡得到多少智慧與希望。很榮幸分享自己的旅程，鼓勵他人也能培育自己的人生花園，開花結果。我相信你會發現，花朵裡寫的內容大約有九十％會影響我們每日的生活。

理奇．費勒，顧問與職涯發展教授，大學傑出教學學者
科林斯堡市，科羅拉多州立大學

好啦，就像里奇一樣，你也有一朵自己的花了。很棒的一張圖。那麼，要做什麼用？這就是我們下一章的主題。

範例

（理奇·費勒的花朵）

重視的價值

1. 改善人類現狀 2. 促進共存共榮的原則 3. 使人力與物質資源得到最有效的運用 4. 教導人為自己做主、負責 5. 讓人從自我挫敗（觀念、規定、侷限）的控制中解脫 6. 促進資本主義發展 7. 減少開發 8. 促進政治參與 9. 感謝那些為社群付出的人 10. 願意給出自己的想法

最喜歡的人際環境

1. 社交能力強、會察言觀色 2. 身心健康 3. 熱情接納他人 4. 有不同的興趣和專長 5. 社會改革者、創新者 6. 對政治、經濟敏銳 7. 夠自信，敢直面問題、敢哭、敢犯錯 8. 對非傳統議題敏感 9. 研究型和實務型人際環境 10. 不是功利主義

最愛的嗜好

1. 大型研討會策劃 2. 區域地理＆文化 3. 用少少的錢去旅行 4. 職涯規劃研討班 5. 商討技術／理論 6. 美國政策 7. 基礎體育活動 8. 對抗性別歧視 9. 納斯卡賽車 10. 室內設計

最愛的能力

1. 觀察／學習能力·持續接觸新經驗·能敏銳辨認並評估別人的潛能 2. 領導能力·持續追求更多責任·看見問題／實際行動解決問題 3. 指示／解釋／引導·致力於終身學習·創造容易接納的氛圍 4. 服務／幫助／人際關係能力·主導某個特定地點的氛圍·善於與大眾維持良好關係 5. 細節／跟隨指示·可以處理多種不同工作·資源仲介者 6. 影響力／說服力·招募人才／領導·激起信任感 7. 表演能力·在一群人眼前做準備（如果我是主導者）·向小群體或大群體發表演說 8. 直覺／創新能力·持續發展／產生新想法 9. 開發／計畫／組織／執行·規劃專案·善用他人的能力 10. 語言／閱讀／書寫·能夠有效溝通·能夠在群眾面前侃侃而談

最愛的工作環境

1. 接受客觀監督 2. 擁有導師 3. 優秀的秘書 4. 某種目標明確、受敬重的大型機構一份子 5. 接近美食和健康的食物店鋪 6.（種族、性別、年齡）多樣的同事 7. 彈性的服裝規定 8. 考績制度 9. 可以騎腳踏車／搭公車／走路去上班 10. 有對外窗的個人辦公室

地理位置

1. 接近大都市 2. 冬天氣候溫和／濕度低 3. 四季分明 4. 乾淨，植物多 5. 人口十萬 6. 有好賣場 7. 很多運動選擇 8. 產業組成多元 9. 豐富的在地文化 10. 對社區有認同感（自豪感）

薪資和責任等級

1. 可以決定簽 9 或 12 個月的合約 2. 可以自己決定專案 3. 對公司方向有一定影響力，但不用負行政責任 4. 可以選擇同事 5. 有三到五個助理 6. 美金 35K 到 50K 7. 同時服務於幾個重要委員會 8. 可以延後文書及預算決策和職務 9. 在一大群人面前發言 10. 可以競選公職

我的花朵

「最重要的那張紙」

1
我偏好一起工作的人：
1
2
3
4
5
我的何倫碼：□□□

2
我最愛的工作環境：
1
2
3
4
5

3
我有能力做也喜歡做的事（最愛的應用能力）：
1　6
2　7

4
我的人生目標或使命（或我的人生哲學）：

5
我最愛的知識或興趣領域：
1
2
3
4

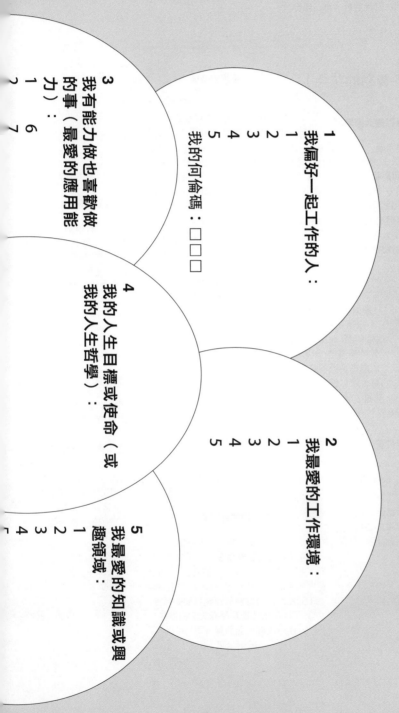

4 9
5 10

6

我想要的責任等級：

我偏好的薪資範圍：

其他希望得到的報酬：

7

我偏好的居住地點

1
2
3

我偏好的地理優點：

1
2
3
4
5

請自由把這個圖複製到更大張的紙上。

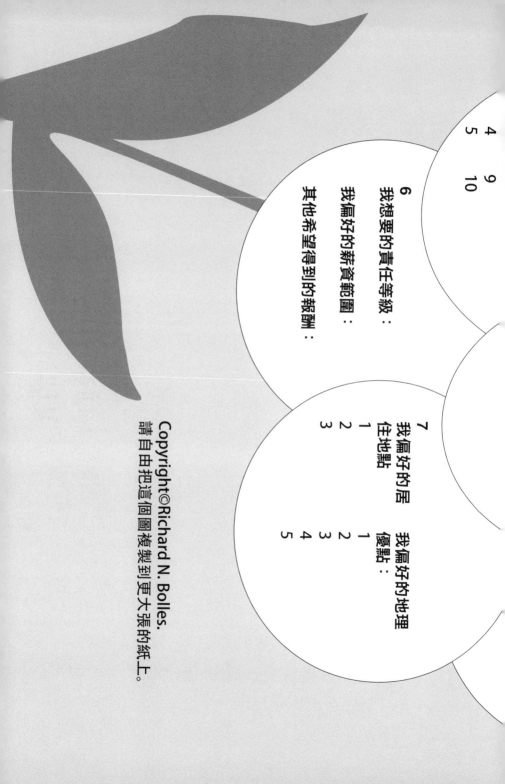

如果你不知道自己要往哪裡去，

就得當心了，

因為你可能永遠到達不了。

——尤吉・貝拉（Yogi Berra, 1925-2015）

第九章　你可以選擇要在哪工作

有些人看著自己完成的花朵，會突然靈光一閃。哇！我知道自己想做什麼了！太嗨了！但也有些人需要更多步驟，進一步仔細分析，才能想清楚。

以下是曾經幫助許多求職者或轉職者思考的五個步驟，按照先後順序排列：

1. 找出你的花朵指向哪種職業或領域
2. 先嘗試做幾項那個領域的工作，再決定要選擇哪一項
3. 找出哪些機構或公司有這類工作
4. 找出吸引你的特定公司
5. 充分研究那間公司，才正式和對方接觸

第一，找出你的花朵指向哪種職業或領域

1.看看你完成的花朵示意圖，從花朵中心選出最喜歡的三種專業知識（或興趣領域、最愛的專業、最著迷的領域，隨便你怎麼稱呼），全都要是名詞。寫在一張空白紙（A4的就可以）上，或是輸入智慧型裝置，根據對你而言的重要性排列順序（最重要的排最上面）。在頁面中央畫一條橫線，把整張紙切成兩半。

2.然後看看能力那片花瓣，選出前五名最愛應用能力，全都是動詞，按照排序抄到橫線下方。

3.把這張紙拿給至少五個親友或認識的專家看，問他們會聯想到什麼相關工作，隨便猜也可以，盡可能想出涵蓋最多項的工作。備用計劃：如果他們腦袋一片空白，可以向他們解釋，專業知識（紙的上半部）通常會代表某種特定專業領域，應用能力（紙的下半部）則通常代表該領域的某種職稱或職位等級。然後再問他們，看到你最喜歡的專業知識「會聯想到什麼專業領域」？看到應用能力的時候「會聯想到什麼相關職稱或工作」？如果可能的話，和對方討論，把你列出的二或三個專業知識領域合併成一種專長：這就是讓你脫穎而出，減少競爭者的優勢。

以下是實際操作方法：假設你最喜歡的三種專業領域是園藝、木工和一些精神醫療的有

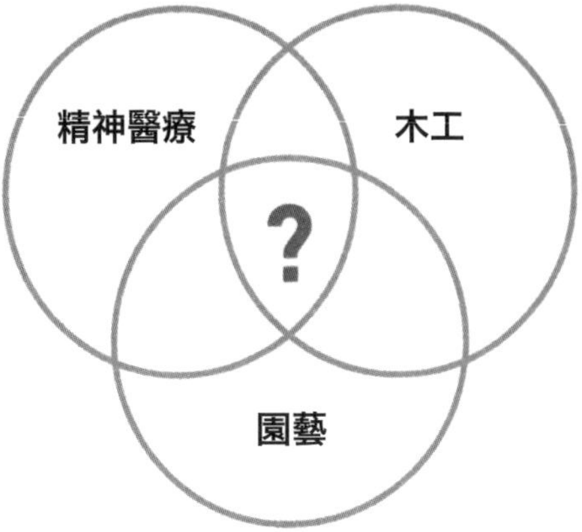

限知識。如果可能的話，你想把這三種專業都用上，而非只用其中一種。所以，如圖所示，把這三種專業個別放進三個重疊的圓圈再開始想想要怎麼結合，想像每個圓圈代表一個人，例如心理治療師、木匠、園藝師。問問自己，誰的專業需要受最久的訓練？這例子裡是心理治療師。為什麼要問這個問題呢？因為受過最久專業訓練的人，最可能觀察得最全面。然後，就去見一個心理治療師，私人診所、大學或醫院的治療師都可以，請他給你十五分鐘，必要的話就付諮詢費。問那位治療師，知不知道要怎麼把精神醫療結合另一個你最喜歡的領域（先從一個開始）。假設你選的是園藝：「醫師，你知不知道有誰的工作是結合精神醫療和園藝的？」這個例子是真實發生過的故事，所以我能告訴你醫師怎麼回答：「有啊，在幫助緊張患者的時候，我們常常會給患者一棵植物去照顧，讓他們知道有個生命必須仰賴他們才能生存。」「如果我還想要結合木工呢？」「呃，建花架就需要懂木工吧，可以從這裡下手？」現在你知道如何把三種最愛的專業領域，組成一份工作。不管那三個領域是什麼都有可能。

4. 記下所有別人的回應，記在電腦、平板、智慧型手機或紙上都行，不管你喜不喜歡這個想法都要記。這是為了給你腦力激盪的靈感。

5.做這件事大概一週左右，和很多人討論過之後，坐下來讀你寫的這些筆記。有什麼有幫助的訊息？把有用的建議圈起來，下定決心去瞭解。如果沒什麼有趣的想法，再找五個朋友、熟人、工作上認識的人聊聊。有必要的話，一直重複這個步驟。

6.在你考慮有哪些想法值得深入研究的時候，要記得第八章分析過的，所有的工作都可以用三大類別來描述：應對人、應對資訊或應對物品。大部分工作是三種類別都會涉獵，但是你最偏好哪一類？通常最喜歡的能力可以給你線索，如果你還是不知道，再回去看應用能力那一片花瓣。你覺得怎麼樣？你喜歡的這些能力偏向應對人、應對資訊，或者應對物品？

7.要記住，你的目標是找出一些職稱。通常，如果你拿給夠多親友或同事看，最後會得到大約四十項建議。

千萬不要心想：「嗯，我知道自己拼死也想做的事是什麼，但我知道世界上沒有這種工作。」親愛的朋友，你的所知並不是一切。我承認，你做完這一切，也未必能找到完全符合期待的結果，至少無法每個細節都完美契合。不過你一定會很驚訝的發現，自己的夢想某種程度上是可以實現的，只是有時候要按部就班。我認識一個退休的男人，曾經是出版公司的高階主管，他六十五歲退休後無聊得要命，決定不管專業領域，隨便找份工作來做，於是連絡他在工作上最欣賞的熟人，對方很抱歉地回答：「現在實在不景氣，我們沒有任何符合或需要你專長的缺，目前唯一的缺就是收發室人員。」這位六十五歲的前主管說：「我做！」他得到這份工作，在接下來的幾年穩定爬升，終於做到他想要的工作：在公司擔任高階主管，運用他最擅長的能力，又做了好幾年。最後，他八十五歲再度退休。

在心裡抱持著夢想，一旦有機會就想辦法盡可能接近。要有耐心，因為你也不知道機會的大門會在什麼時候突然開啟。

第二，先試著做幾份工作，再決定要繼續往哪個方向努力

你去服飾店的時候，不管是洋裝、西裝還是別的，都會試穿櫥窗裡或衣架上的不同衣服。為什麼要試穿？呃，因為在櫥窗模特兒身上好看不代表我穿會好看啊，可能體型不一樣之類的。

找工作也是一樣，在你的想像中非常棒的工作，如果實際近距離接觸，可能就沒有那麼美好。

你當然想找很棒的工作，不只看起來棒，實際做起來也棒。所以你要去找已經在做這種

工作的人談談。LinkedIn 這類的社群網站應該會對你非常有幫助，讓你找到這種人的名字。

找到這樣的人之後，如果對方也住附近，請他給你十九分鐘會面的機會，可以約在星巴克之類的地方。你要遵守自己對時間的承諾，除非對方主動堅持要繼續聊。雖然不是全部的人都如此，但有些工作者非常希望有人聆聽自己說話，你的出現可能正好滿足他們的願望。

去訪談這些「正在做可能想做的工作」的人時，以下是幾個可以幫上忙的問題：

◇「你怎麼找到這份工作？」

◇「你最喜歡這份工作的哪個部份？」

◇「你最不喜歡這份工作的哪個部份？」

◇「我還可以在哪裡找到做同樣工作的人？」你最好問出一個以上的名字，這樣如果第一次碰壁，還有其他人可以拜訪。

如果在和實際工作者面談的過程中，你越來越清楚這份工作、這個領域、這個專業絕對不適合你，那最後一個問題可以改成：

◇「如果我想從事其他運用同樣能力和知識的工作，您知不知道可以找誰談（我的能力、專業知識或興趣）？」如果對方想到特定人選，就去拜訪他們推薦的人。如果他們想不到任何人選，就問：「如果您想不到任何人，那誰可能想得到？」

持續和工作者進行這樣的諮詢面談，遲早會找到一份各方面都適合你的工作，能夠運用你最愛的能力、最愛的專業知識、屬於你的興趣領域。如果你已經遇到，就必須問：**想實際進入這個領域，要接受多少訓練或是其他準備？**一樣是問你的訪談對象。

你可能會常常聽到壞消息，對方會告訴你：「要應徵這份工作，必須要有碩士學位和十年工作經驗」之類的。

真的是這樣嗎？要記住，無論有多少人告訴你「這個和那個就是進入某種行業的規則，沒有例外」，你都要相信我：每種規則都有例外，除非是少數幾種入行門檻非常嚴格的職業，例如醫學或法律。除此之外，總會有誰想出不合規則的方法，你要做的就是找出這種人，進行訪談，瞭解對方是怎麼辦到的。

所以，你在諮詢面談時要問得更深入，尋找例外：

◇「是這樣沒錯，但是您有沒有在業界認識誰，沒有碩士學位和十年經歷也進來了？」

◇「我要怎麼聯絡到這位同業？」

◇「如果您不認識這樣的人，您覺得誰可能認識這樣的人？」

不過，也可能到最後，你還是找不到任何例外。這未必代表真的沒有例外，可能只是你不知道怎麼找。那麼，如果所有人都告訴你，你必須花很多年準備才能進入這個行業，你也找不到任何走捷徑入門的人，那怎麼辦？接下來要做什麼？

我有好消息。所有的專門行業都有一至多個隱藏職業，比較不需要接受長時間的訓練。舉例來說，當不了醫生，可以選擇成為輔助醫療人員；當不了律師，可以做法務助理；當不了領有證照的職涯顧問，可以選擇成為求職教練。總有一條路可以盡可能靠近你的夢想。

第三，找到哪些公司有這樣的職位

在你決定想進哪間機構之前，先停下來想一想所有你或許可以應徵的地方，確保你撒出最大的網。

舉個例子，假設你想要的新工作是老師，就必須自問：「什麼地方會僱用老師？」你可能會回答：「只有學校啊」，一找之下發現居住地的學校都沒有開缺，這時候你可能會說，

「唉，做這行的人都找不到工作。」

但是等等！除了學校，還有無數不同的機構和單位會聘用老師，比方說：公司內部的人員教育訓練部門、工作坊金主、基金會、私人研究機構、教育顧問、教師公會、專業或貿易工會、軍方單位、全國或地方的高等教育委員會、警消訓練學校等等，名單可以一直列個沒完。

「不同的地方」也可能代表聘僱條件不同，不一定是全職，或許是：

◇聘你做兼職的地方（你可能最後會同時做兩份甚至三份兼職，加起來等於一份全職）。
◇招募臨時工，像是約聘或專案人員之類的地方。
◇針對特定專案徵求顧問的地方。
◇主要依賴志工等人員維持運作的地方。
◇非營利機構。
◇營利機構。
◇別忘了，你也可以自己創業，自己當老闆（見第十二章）。

在做諮詢面談的時候，不只要找可以針對你想做的職業提供寬廣視野的人，也應該和真正身在產業中的從業人員談話，後者可以更詳細的告訴你，在你有興趣的公司，實際有哪些工作內容。

第四，找出你對哪些特定公司感興趣

你在訪談從業者時，或許會有人無意間提到具體的公司名稱，說這些地方有這類的工作者，還有這地方的評價好壞。這對你來說是很重要的資訊，要全部記下來，懷著虔誠的心記筆記！

不過，你一定想瞭解更多，可以去找其他人，問他們：「我對這種公司有興趣，因為我想要從事這種工作。你知不知道有什麼公司屬於這一類，我可以去研究？如果有的話，這公司位在哪裡？」利用面對面訪談、LinkedIn、黃頁、網路搜尋引擎等，找出這個問題的答案。還有，在這個階段，你不應該在意那間公司有沒有職缺。唯一應該考慮的問題就是，這個地方是不是你有興趣的，有沒有激起你的好奇心（唯一一個提醒是，或許找小一點的公司比較好，員工數在一百人以下的那種，會比大公司好；新創公司也會比老公司好）。為了求職成功，你選擇公司的標準必須是自己有興趣與否，而非公司有沒有職缺。職缺可能隨時出現，毫無預警。

完成這個步驟之後，結果是什麼？你可能會遇到兩種問題：可以研究的公司名單太少，或是太多，兩種都有應對的方式。

選項太多

在這種情況，你會想要限縮範圍，把目標減少到可以掌握的數量。

舉例來說，假設你最感興趣的工作是焊接，想要成為一位焊工。這個想法就是起頭，你已經把就業市場的數百萬個選項縮減到：

1我想要在會僱用焊工的地方工作。

但是這個範圍還是太大，全美國可能有數千個地方都會雇用焊工，你沒辦法一一拜訪，所以必須再縮小範圍。假設你在「偏好的居住地」那片花瓣寫最想居住和工作的地方是加州的聖荷西市，這個資訊就很管用，可以進一步縮小範圍。現在你的目標變成：

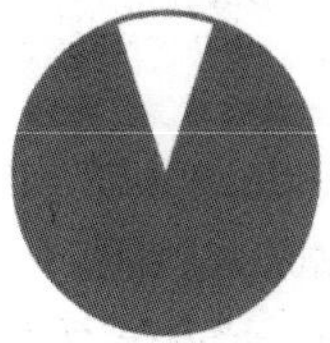

2我想要在聖荷西市會雇用焊工的地方工作。

但是，這樣範圍還是太大，可能有一百、兩百甚至三百間公司符合這個條件。所以你再看看自己的花尋求幫助，這次你注意到在「人際環境」那片花瓣，你寫到想要在員工數五十人以下的公司工作。很好，你的目標就變成：

3我想要在聖荷西市會雇用焊工的地方工作，公司員工數只有五十人以下。

範圍還是太大，你再看一次自己的花，看見自己寫說想在直接生產輪胎或和輪胎相關的公司工作。現在，你對求職目標的描述就變成：

4我想要在聖荷西市會雇用焊工的地方工作，公司員工數只有五十人以下，是製造輪胎的公司。

用你的花朵示意圖，可以像這樣一步一步縮小範圍，直到你的求職目標縮減為不到十個，才是你可以展開行動的合理數量。如果這十間公司沒有一間令你滿意或感興趣，你可以再把範圍放寬。

選項太少

在這種情況，就必須擴大範圍。這時，對你最有幫助的可能就不是面對面的諮詢面談，而是書面或網路工商名錄。首先是你居住地的電話簿黃頁，紙本或電子版都可以。瀏覽分類標題，看有沒有任何你感興趣的類別。也可以找找看當地商會有沒有出版商業名錄，通常這種目錄不只會列出當地的小公司，也會列出大公司在當地的分部，以及部門主管的名字。第三種途徑是看你居住的城鎮是否出版商業通訊雜誌、名冊，甚至是職業一覽表。當然，這會花你一點錢，但還是值得。

如果你用心研究，相信我，感興趣的公司名單應該不會少，除非你住的城鎮真的很小，這樣的話，你就得把網再撒廣一點，納入通勤距離可以接受的其他城鎮、鄉村、城市。

第五，正式接觸一間公司以前，要盡己所能做足功課

到了某個階段，你會很開心，覺得找到願意付出一生的志業，並和真正在做這種工作的人談過，又更喜歡這種職業，也找好公司名單了。

接下來呢？直接去找這些公司嗎？不是，你要先研究這幾間公司。這個步驟非常重要。要記住，各個公司機構都喜歡受人喜歡。如果你不嫌麻煩，在真正拜訪之前，先努力找出和

這間公司相關的資訊，就能展現出對他們的愛。這就是做功課。

在接觸對方、要求面試機會之前，要做什麼樣的研究？第一，你會想知道一些公司內部的資訊：在公司裡實際要做哪些事；工作的風格如何；這間公司的所謂企業文化如何；公司想要達到的目標是什麼；面臨什麼樣的阻礙或挑戰；你的能力和知識能夠怎麼幫助公司。在面試時，你一定要做好準備，展現你擁有對方需要的東西。想做到這一點，就要從找出對方需要什麼開始。

第二，你想知道自己在那裡工作會不會開心，先秤秤對方有幾兩重。我先前也提過，每個人都會衡量自己的公司，只不過大部分求職者或轉職者都在被雇用之後才這麼做。在美國，一份聯邦政府就業服務的調查報告指出，透過就業服務找到工作的人，有五十七%會在短短三十天內辭職。這是因為他們實際做了十幾二十天，才發現自己一點也不喜歡。

而你，透過事先做好功課，就能做出更明智的選擇。就算就業市場不景氣，你還是要精挑細選。否則，你可能不顧一切的接下工作，心想「哎，不管發生什麼事我都可以忍」，開始工作之後，才發現自己只是在騙自己，結果必須辭職，又要重新找工作。現在先做功課，就能預防自己遭受不必要的挫折。所以，如果這個地方不適合你，你要提早知道。但是該怎麼知道這種事呢？有好幾種方法，有些需要面對面會談，有些不用：

- **找朋友和鄰居。**詢問每一個認識的人，看他們是否認識誰在你想進的公司上班。如果有，請他們幫你約到那個人，一起吃頓飯或喝杯咖啡。到了現場，向對方解釋為什麼你對那間公司感興趣，並表明你想瞭解更多（最好能讓你們的共同朋友一起參與，避免對方誤會這場會面的用意）。要深入瞭解一家公司，這是許多人愛用的方式。不過還是需要準備一些備用計劃，免得這個方法行不通。
- **找真正在那間公司或類似機構工作的人。**舉例而言，LinkedIn 的分類非常詳盡，你可以搜尋尋特定的公司，網站就會告訴你誰在那裡工作，或曾經在那裡工作。有時候，寫封電子郵件就能和對方搭上線；但是在越來越忙碌的現代生活，就算是最好心的人，也可能會回答實在沒辦法撥出時間，因為他們自己的工作已經超出負荷。如果你得到這樣的答覆，請尊重對方。

你可以親自前往那間公司，問他們和公司有關的問題。如果你想進有保全等關卡的大公司，不推薦這種做法；但如果是小公司（例如員工數少於五十人的公司），有時候你只要親自拜訪，就能得到非常多資訊。不過，我要先警告你幾種可能的危機。

首先，你要確定自己問的不是已經寫在書或網頁上的問題，如果這個問題你可以自己找到答案，就不該打擾他們。人是會被這種事激怒的。

第二，接觸公司的任何高層之前，一定要先接觸公司的入口部門，像是前台、接待處、客服部等等部門人員。

第三，如果下級職員可以回答你要問的問題，就不要找主管。為了一些誰都可以輕易回答的簡單問題去煩未來可能的主管，對求職者而言根本是自殺行為。

第四，你用這種方法不是只為了想辦法混進公司見到老闆，立刻丟出要他們僱用你的請求。你本來說會面是為了收集資料，不要食言。食言會讓公司記住你，但絕不是好印象。

- **找網路資訊**。許多求職者和轉職者，認為每個公司、機構、非營利組織都有自己的官方網站，但其實並非如此。有的確實有，有些卻沒有，這通常取決於公司規模大小、能否雇到好的網頁設計師、缺不缺顧客等等因素。有一個簡單的方法可以知道一間公司有沒有網站：連上網路，在搜尋引擎裡輸入公司名字，看看搜尋結果。嘗試不同的搜尋引擎，因為有時候搜尋結果不同。其實，網路上也有專門的網站，供員工或前員工針對公司給出評價與意見。

- **找紙本資料**。不是找書，書的資訊太不即時了。通常這些機構會有時時更新的內容，印成紙本或發佈在網站上，談公司的營運、目的等等。此外，執行長或公司領導人也可能會發表演說，公司前台或許就有演說的資料，還有宣傳冊、年度報告等等內部出版品。你要怎麼取得這些資料？如果你打電話，負責接電話的人就會知道這個問題的答案，或者至少知道要把你轉接給哪位能回答的人。另外，如果公司規模夠大，圖書館或許會有關於這間公司的檔案資料夾，收集過去的報紙報導、相關文章等等。不去看不會知道，去問問親切的圖書館員，對你也沒有任何損失。

- **透過派遣公司**。很多求職者和轉職者都發現一個探索不同公司的實用方法，就是去派遣公司工作。在搜尋引擎輸入你住的地方加上「派遣」或「人力資源」等關鍵字，就可以找到這類公司，雇主會向這些公司尋求短期兼職或正職人力。派遣工作對你的好處是，如果有一家公司專門仲介有你這種能力或專長的人力，你就有機會在幾個星期內被派到許多不同的公司工作，從內部觀察那間公司。派遣公司不一定能派你去你最想進的地方，但就算是在別處工作，只要是同一個領域的同業，有時也會認識那間公司的人。最少，你也能獲得工作經歷，在履歷上再添一筆。

- **做志工**。如果你短期內經濟無虞，可以去理想或吸引你的公司，自願無償工作一段時間，通常這種志願工作叫做「實習」或「志工」。另外，你也可以在搜尋引擎鍵入居住地和

「志工機會」等關鍵字，看會搜到什麼結果。要不然，你可以直接走進你選中的公司或機構，詢問他們願不願意讓你在那裡無償工作。

你的目標首先是更瞭解你進入的公司。

其次，如果你已經失業好一段時間，另一個目標就是給自己成就感，不至於覺得虛度光陰。

第三，你最終的期望是或許以後他們會留你做有薪工作。在這不景氣的現況，這種機會微乎其微，所以不要抱持太大希望，也不要太過強求雇主。不過有時候，他們確實會問你願不願意留下來領薪水工作。這麼做成功率不高，不能算是有效的求職方法，不過確實是發生過。

一定要寄感謝函，拜託，拜託，務必

在你求職的過程中，如果有任何人幫你，務必記得寄感謝函，最晚隔天就要寄。我在第四章的第九項和第十六項小技巧提過這一點，在此也一樣重要。這種感謝函應由你親自寄出給任何曾幫助過你、和你談過的人。也就是說，朋友、你要找的公司職員、派遣公司人員、秘書、接待人員、圖書館員、你訪談的工作者等等，都是可能對象。

你和這些人會面的時候，如果對方有名片，就向他們要名片，或者請他們留姓名、工作地點及電子郵件給你。寫錯別人名字不太好，單聽名字的發音，很難確定是哪幾個字，要記住對方的名字和地址，就一定要記對。

再強調一次：寄感謝函要及時。在你接受幫助的當天晚上就要寄出電子郵件，最遲隔天就要寄。另外再寄一份紙本的感謝函，印漂亮一點，手寫或列印都可以，格式整齊，前往郵局投遞。現在大部份雇主比較喜歡收到打字列印的信，但如果你的手寫字很美，用手寫也很好。

內容要簡潔，可以只寫兩三行就好，像是：「非常感謝您昨天和我談話，對我幫助真的很大。我很感激您百忙之中抽空和我見面。祝您萬事順心。」然後簽名。當然，如果你有別的話想說也可以加，全部寫完之後，記得署名。

如果我還在收集資料，對方就說想雇用我怎麼辦？

不太可能。不過，在你做諮詢面談的過程中，確實可能偶然和某位雇主相遇，對方也可能對你印象深刻，當場決定雇用你，所以你是有可能在收集資料時得到工作邀約，機會不大，但還是有可能。遇到這種情況，要怎麼回答？

呃，如果你情勢危急，大概就必須說好。我記得我三十幾歲時有一年冬天，必須養活一家五口，那時我最後一條好褲子的膝蓋也破了，開始把舊家具拆成小塊丟進火爐燒來取暖，床腳也壞了，每天都只能吃義大利麵，吃到想吐。在這種情況，你就沒有本錢挑剔了，畢竟每天還要吃飯、要請走上門的債主，現在就需要收入。

但是如果你狀況沒那麼危急，有餘裕仔細考量，回應工作邀約就可以為自己爭取更多時間。老實告訴對方自己在做的事：大部分求職者都在找到工作之後才評估，但你想要好好瞭解一個專業、領域、產業、職位、還有特定公司，再確定自己在哪裡可以發揮得最好，你很肯定如果對方在你的處境，一定也會做同樣的評估（如果說成這樣，對方還不覺得你這麼做很審慎、富有專業精神，那我向你保證，這家公司不會是你想進的地方）。

別忘了告訴對方，你安排的諮詢面談還沒有結束，所以還沒有辦法倉促答應邀約，必須先確定進入這間公司最能發揮實力，有最好的工作表現。

然後再加一句：「當然，您希望我在這裡工作讓我非常開心。我結束調查之後，一定會再向您報告。我目前確實覺得這裡是我會想要工作的地方，上司和同事都很棒。」

我的意思是，如果你沒有那麼急需一份工作，就不要輕易走進任何向你敞開的門，但也不要任由那扇門在你眼前關上。

不過，我前面也說過，這種情境很少發生，因為你訪談的對象是員工。不過為免你真的碰上，有個心理準備總是好的。

結語：與人接觸

說到接觸，一般而言呢，研究顯示你的社交生活越豐富、認識越多人、在工作以外的時間和他人有越多相處時間，越可能找到工作。你認識越多其他領域的人，越可能成功轉職，事實上，往往在正式開始尋找之前，你認識的人就已經把工作機會帶到你面前。問題是：有四分之一的工作者根本沒有這類人際網絡，四十一%很願意經營人脈，卻沒有足夠的時間。這個數據來自英國[34]，不過世界各地都有類似的調查結果。

研究的另一個發現是，和你熟悉的社交圈相距越遠的人脈，越可能對你求職有幫助。如果你問問自己花多少時間和這些人接觸，會發現你的人脈分成「強固連結」和「脆弱連結」

34 茱莉·霍布斯邦（Julie Hobsbawn），〈完全人際連結〉（"Fully Connected"），EY 職涯網，http://ukcareers.ey.com/beingconnected。

兩種，後者你只會偶爾遇見或是久久聯絡一次，可能一年一次或更少，但正是「脆弱連結」會大大增強你求職的效果。

史丹佛大學教授馬克．格蘭諾維特（Mark Granovetter）曾經把研究結果總結成一句話：「脆弱連結的力量」。他在經典之作《找工作：人脈與職涯研究》（*Getting a Job: A Study of Contacts and Careers*）如此寫道：「有一種結構上的傾向是，與自己僅有脆弱連結的他人，更可能具備自己缺乏的工作資訊。和親近的朋友相比，不熟的人更可能涉足自己完全不會涉獵的圈子。和自己最親近的人，往往和自己熟悉的圈子重疊最多，因此親近之人具有的資訊，很可能也是我們早已熟知的。」[35]

現在，你已經找到自己感興趣的地方，想要獲得面試機會，有一種特殊的人脈可以幫到你。我把這種人稱做「中間人」，意思是介於你們兩者中間，既認識你，也認識你的目標，像一座橋梁，連接起你和新工作之間的距離。

你要先設定好目標公司或機構，才能開始尋找中間人，如果前置作業都已經完成，以下舉 LinkedIn 為例，教你如何尋找中間人：

1. 想好你要接觸的公司，找到簡介頁面。
2. 讓 LinkedIn 告訴你，在你的人際網絡之中，誰在你鎖定的公司工作，把列出的名單分類，分類方式是這個公司員工和你：

◇在同一個 LinkedIn 群組
◇曾為同一個的老闆工作
◇上同一間學校
◇在同一個產業
◇用同一種語言
◇在同一個居住地

3.然後是學校。在公司簡介頁面搜尋你的學校，如果你念過任何技術學院、社區大學、大學、研究所，就讓 LinkedIn 告訴你，有哪些校友在你鎖定的公司工作。

4.接著是公司動態，在同樣的公司簡介頁面，讓 LinkedIn 告訴你：公司雇了哪些新人，有誰離職，職稱有什麼調整，開出什麼職缺，有多少員工在使用 LinkedIn，公司現址在哪裡，員工進入這間公司之前在哪裡工作，離職員工後來在哪裡工作等等資訊。這些數據可是很有參考價值的！

35 馬克．格蘭諾維特，《找工作：人脈與職涯研究》第二版，芝加哥：芝加哥大學出版，一九九五年。

5. 如果想聯絡你搜尋到的中間人，現在 LinkedIn 的規定是，你必須成為付費會員，才能傳送訊息給和你沒有直接連結的人。但是如果你找到的人還在那間公司工作，你可以直接打去公司找那個人，或者用資料更多的搜尋引擎找對方的聯絡方式（直接 Google 他們的名字吧）。

6. 如果你一無所獲，不管在 LinkedIn 和其他地方，像是問親友，看臉書朋友等等，都找不到同時認識你也認識公司員工的中間人，可以在 LinkedIn 上登廣告找尋這樣的人，他們有「LinkedIn 會員刊登廣告」的服務，價格公道（目前是如此）。你也可以瀏覽 LinkedIn 的社團，加入幾個（上限是十個）看起來最可能被你想接觸的公司注意到的社團。不過，只是加入還不夠！在社團裡貼有深度的問題，或是回答其他成員貼的問題，提供你的專業意見。也就是說，要讓自己在社團裡的能見度提高，或許雇主就會注意到你。

獲得去公司面試的機會後，就照著本書第四章的面試指示去做。祝你好運！

不要指望工作能配合自己的能力，

要指望自己的能力能達成工作。

——菲力普斯・布魯克斯（Phillips Brooks, 1835-1893）

第十章　如何面對自己的缺陷

我知道你在想什麼。如果獲得面試機會（或許還不只一次），結果卻落空，你會想自己是否有什麼（顯著或隱藏的）缺陷，所以才沒中選。

搞不好你在面試之前，就已經開始擔心這件事。（你是不是看了目錄先翻到這一章？）

你心裡想著，我被刷掉（或即將被刷掉）是因為：

我有生理障礙　或　我的教育程度不足、能力不夠

我有心理障礙　或　我受了太多教育，能力超過需求

我高中沒有畢業　或　我是拉丁人

我才剛畢業　或　我是黑人

我畢業兩年，到現在還沒找到工作　或　我是亞洲人

我畢業太久了　或　我英文不好

我長得太美或太帥　或　我英文口音很重

我太醜　或　我的專長領域太窄
我太胖　或　我的專長太雜
我太瘦　或　我曾是神職人員
我太老　或　我曾是軍人
我太年輕　或　我太武斷
我太接近退休年齡　或　我太害羞
我只在一個地方工作過　或　我只做過志工
我換過太多工作　或　我只在小公司待過
我離開職場太久　或　我只在大公司待過
我待在職場太久　或　我只在政府機構工作過
我太缺乏經驗　或　我來自差異很大的文化或背景
我有前科　或　我從別的產業跳槽過來
我有精神病史　或　我來自另一個星球

如果人必須完全撇除以上條件才能得到工作，我們一生中大概只有三個星期適合被雇用吧！

好，首先我們要釐清一件事：你不可能具備讓**所有**雇主都不肯雇你的缺陷，只可能有讓**部份**雇主不想雇用你的缺陷。不管你有什麼缺陷，或認為自己有什麼缺陷，都不可能在這個世界上完全找不到任何工作，頂多會讓你無法得到某些地方的工作機會而已。

如同我在第四章說過的：「社會上有幾百萬個雇主，他們各自獨立、個性相異、彼此之間毫無關聯，對於員工的要求也大相徑庭。除非你骯髒、粗俗、惡名昭彰，聞起來還很臭，否則如果你瞭解自己的長處，我保證一定有雇主想要你。就算你很瘋，有些雇主還比你更瘋。你必須繼續尋找，絕對有雇主想要雇你，不管其他人對你的意見如何。你的任務就是找到這樣的人。」

不能對雇主以偏概全

我在第一章就提過這個概念，現在要重申一遍同樣的事實。針對你的缺陷，可以將所有雇主分成兩類：一類是有興趣雇你做你擅長的事，一類很介意你做不到的事。

無論你遇到第二類雇主多少次，一旦發現他們的立場，你只要禮貌地謝謝對方，順便問他們是否認識其他可能對你的能力感興趣的雇主。然後，就優雅的離開。

說到禮貌，別忘記還是要在當天晚上寄感謝函給對方，無論對方令你多麼挫折。

接著繼續找。如有必要，就一天又一天、一周又一周、一個月又一個月找下去，直到你遇見另一類雇主：注重你擅長做的事，而不介意你做不到的事。

每個人都有缺陷

你可能想知道多少求職者有缺陷，答案是：**每個人都有**。或者你可能會想，在整體勞動力中有多少人有缺陷，答案還是：**每個人都有**。

什麼！嗯，當然，所謂缺陷意味著缺乏能力，也就是說，有些事是某人沒有能力去做的，至於為什麼不重要。

那麼，想想看全世界有多少種不同的能力。沒有人知道確切數字，所以我們來編一個：假設全世界有四千三百四十一種應用能力——

你認為四千三百四十一種能力之中，每個人平均會幾種？這也沒有人知道確切數字，所以我們再來編一個，估多一點，假設每個人平均會一千三百四十一種能力，每個勞工會做一千三百四十一件事，像是挖掘、分析、溝通、販賣、設計、烹調、修理等等。

但是世界上總共有四千三百四十一種能力，每個人平均只會一千三百四十一種，那就表示，每個人平均都有三千種不會做的事。

當然，是哪三千種因人而異，但總體而言，每個人都有缺陷。每個人。

所以在找工作的時候，如果你有缺陷，但不影響你做某一類型的工作或職業，那麼和別人比起來，你的缺陷會讓你有什麼不同嗎？答案是沒有。

除非、除非，你太執著於自己有缺陷這件事，只注意自己做不到什麼，卻遺忘了你做得到的一切。

除非，你一直設想各種雇主可能不雇用你的理由，卻不去想雇主雇用你有什麼好處。

除非，你求職的時候一直把自己當成求職乞丐，而非挺起胸膛，告訴雇主你是有用的人力資源。

你可以做什麼，不能做什麼

為了讓你不要老想著自己做不到什麼，而把注意力放在自己做得到什麼，拿一張空白的紙（電子產品或真的紙都可以）把紙分成兩部份，像這樣：

我有這項能力：	我沒有這項能力：

然後，找一份列有很多應用能力的清單：

◇你可以用第八章的能力表。

◇也可以用很有名的「兩百四十六種用動詞表現的能力清單」，就在下一頁。

不管你用哪一份清單，把你選的能力抄進表格，越多越好，要確保每個能力被歸在正確的欄位，明確區分出你有這項能力，或是沒有（可能是你目前做不到，總之現在沒有這項能力）。如果一張紙不夠寫，就再用幾張。

填滿這兩格之後，在你擁有的能力中選出五種最喜歡的，寫出幾個例子，描述自己在過去怎麼使用這項能力，最好不要是太久以前的例子。

兩百四十六種用動詞描述的能力清單

達成、行動、適應、致詞、經營、建議、分析、參與、仲裁、安排、查證、召集、衡量、獲取、查帳、編列預算、建造、計算

發現、分發、演示、反駁、解剖、分配、轉移、編劇、繪畫、駕駛、編輯、排除、強調、強制執行、建立、估計、評估、檢查

創新、審查、啟發、安裝、創辦、指示、合併、詮釋、訪談、憑直覺、發明、編排、調查、裁決、保持、領導、學習、講課

預測、準備、規定、呈現、印刷、問題解決、處理、製造、編寫程式、企劃、宣傳、校對、保護、提供、宣傳、購買、訊問、養育

縫紉、塑形、分享、展現、唱歌、素描、解決、分類、說話、研究、總結、監督、供應、符號化、統合、合成、系統化、接受指示

繪製圖表 確認 區分 訓練 收集 溝通 彙編 完成 作曲 操作電腦 概念化 指揮 保存 鞏固 建設 控制 協調 複製 諮詢 創造 決定 定義 配送
擴充 體驗 解釋 表達 提煉 歸檔 籌握資金 修理 跟隨 制訂 創始 聚集 產生 得到 給予 引導 操作 承擔責任 率領 幫助 假設 辨認 描繪
舉起 聆聽 長期記錄 維護 製作 管理 操縱 斡旋 會見 記憶 開導 塑模 監控 激勵 航行 協商 觀察 獲得 貢獻 營運 訂購 組織 開創
閱讀 實現 勸說 接收 推薦 調和 記錄 招募 減少 查閱 復健 敘述 追憶 交付 修復 報告 代表 探究 決議 回應 恢復 彌補 評論
談話 教學 建立團隊 訴說 照料 測試與證明 培訓 謄寫 翻譯 旅行 治療 故障檢修 輔導 打字 裁判 理解 替補 從事 聯合 團結 升級 使用 利用

夢想殺手

假如有某項缺陷似乎全盤推翻了你的夢想，如果你一直夢想著做某件事，卻因為自身的缺陷沒有辦法達成，該怎麼辦呢？

第一，或許已經有人發明某種科技或簡單的策略，能夠彌補這項缺陷。誰知道呢？世界上有很多聰明人。要怎麼找到這樣的人？如果你的缺陷有個明確的名稱，不如在網路上搜尋看看。把名稱輸入搜尋引擎，看看結果如何。特別注意搜尋結果是否列出專門研究這種缺陷的專業機構，聯絡這些機構，問他們有什麼資訊。

舉例來說，假設你的缺陷是視力逐漸減退，美國四十歲以上成人有三千萬人為此所苦。搜尋「低視能」或「視覺障礙」，就能找到應對這種弱點的技術。

另一種對抗夢想殺手的方式，是找一份相近的工作。

例如：有一位職涯顧問的客戶是個非常想成為客機駕駛的年輕人，他的夢想殺手是：他的視力太差了，沒辦法當飛行員。但是，有一條線索指出他能夠從這個絕境走向哪裡，這條線索就是這位年輕人談起飛機的態度，他真的很愛飛機。

所以顧問拿著紙和筆帶他去附近的大型機場，告訴他，如果在機場裡看見或聽到任何職業，就寫下來，飛行員除外。隔天，他把清單拿給顧問看，清單很長。顧問問他是否找到感興趣的職業，他回答：「有，我覺得製造飛機的座椅很有趣。」於是他以此為目標，雖然當不了飛行員，最後還是成功在飛航產業找到工作。

是缺乏能力還是偏見？

這個問題至關緊要。一定要記住：「缺陷」是一個很籠統的詞，可能意指兩種完全不同的事，一種是求職者「缺乏的能力」，一種是雇主的「偏見」。這兩者有很大的差異，你必須謹記這一點。

假設你完全失聰，沒有任何聽力，就算有電子耳輔助也聽不見，這時如果你應徵需要敏銳聽力的工作，你就是「缺乏能力」；也就是說，你不具備做這份工作一定要有的某些能力。

再假設你聽力完全沒有問題，只是你非常非常胖。如果你去應徵同一份需要聽力的工作，體重過重也不會妨礙到你工作，那就不應該算是一種缺陷。但是有一位雇主卻對過重的人有偏見，所以不願意雇用你，這個理由根本和你的工作能力毫不相關，這就是差異所在：**缺乏能力是你本身的特質，偏見則是雇主的問題。**

這兩件事都可能是缺陷，因為兩者都可能讓你不獲錄用，但是你一定要瞭解，真正的缺陷只是缺乏能力——也就是你可能做不到這份工作的重要任務；但是偏見卻是「假缺陷」。偏見可能在一場或好幾場面試中對你露出醜惡的面貌，但如果你繼續向前，找到對的雇主，這種假缺陷就會一瞬間「噗！」一聲消失不見。

你自己絕對不要也帶著偏見，換句話說，不要用那些雇主充滿偏見的目光審視自己。用自己的眼睛，認清自己真正的樣子。

雇主的常見偏見

1. 失業期太長。目前最受到關切的一項偏見，關乎你待業的時間長短。我們在第一章已經看過，這種偏見有些雇主有，有些沒有。如果你失業超過一年或更長的時間，會有一些雇主因此不想雇用你。真糟糕！繼續尋找，直到遇見沒有這種偏見的雇主。

2. 種族、宗教、性別刻板印象。有些雇主會以貌取人，不錄用黑人、穆斯林、墨西哥人、亞洲人、美洲原住民、同性戀、跨性別……隨你舉例，總之有些雇主不雇用「這種人」。你可能會覺得都什麼時代了，這種偏見應該早就消失了吧，悲傷的是，還沒。雖然只是部份雇主如此，但很不幸，這種偏見通常經過狡詐的包裝，讓「反歧視法」無法有效阻止。這種歧視無所不在，而且雇主往往會用刻板印象來為這種錯誤的偏見開脫。

3.年齡。下一種你可能會遇上的偏見就是年紀。為什麼？戰後嬰兒潮的世代（一九四六至一九六四年間，美國有七千六百萬新生兒）現在開始步入所謂「退休年齡」，許多人年滿六十或六十五歲退休之後，並沒有優渥的退休金，所以儘管以為自己早該可以休息，其實還得繼續工作。在這樣的年紀找新工作談何容易？但令人欣慰的是，年齡問題也是偏見，而非你本身的缺陷，還是有些雇主不會對你的年紀有偏見，仍然相信你有能力和熱誠做好自己的工作，不只是混吃等死。

還有一種與年紀相關的醜惡偏見，是關乎金錢。基於多年工作經驗，許多五十歲以上的求職者希望拿到合乎年資與經驗的薪資，卻發現有些雇主抱持著偏見，不願意付這麼多——畢竟，拿同樣的薪水可以雇兩個沒有經驗的二十幾歲年輕人，而不是只雇一個人。

但是，雖然這項偏見存在，還是有些雇主會雇用你，不論你年紀多大，如果符合以下任一條件（以下每一個「如果」都是你自己可以控制的因素，感謝老天）……

- 如果你找的是一家小公司，對方不用把你補進退休金計畫。
- 如果你對自己上了年紀的態度很正面。舉例來說，面對自己變老，可以不用工作的角度來思考，而用音樂思考，像是交響樂。傳統交響樂有四個部份，稱做四個樂章。生命也是一樣，第一樂章是幼兒期；第二樂章是學習期；漫長的第三樂章緊隨在後，是工作期；最後，來到第四樂章，這一個樂章常常以工作的角度定義，因此稱為退休期，但如果把這段時期想成生命樂章中壯盛有力的結尾，不是更好嗎？聽聽看貝多芬的第三號交響曲〈英雄〉吧。

- 如果你在生命的這個階段，仍然表現出豐沛的活力。隨便問一個雇主，面試一位超過五十歲的求職者時會看重什麼，他們一定會回答：活力。好啦，那五十歲以後的我們要去哪裡尋找活力呢？還年輕的時候，活力自然而然從身體湧現，讓我們常常覺得「電力充沛」，可以整日整夜做事，「老天啊，你哪來這麼多體力？」奶奶可能會這麼問，那時我們就像發電機一樣永不缺乏能量。一旦過了五十歲，體力就沒有那麼容易維持，就算時常健身、運動、甚至跑馬拉松也一樣。漸漸地，活力不能只取自身體狀態，而必須從我們對生命的熱情汲取，必定有些雇主非常希望能將這種熱情帶進公司。
- 如果你已經對生活／工作有明確的規劃，可以用很多種方式描述自己是什麼樣的人、可以做什麼樣的事，因為你已經做完第八章「我是誰」的習作。
- 如果你持續面試，最終一定能遇上一兩個雇主對你的年紀沒有偏見。

我說持續是什麼意思？以下是一位求職成功者的真實記錄（她所謂的「過程」，是丹尼爾．波羅PIE方法的一部份，這章最後會講到）：

以下是你想要的數據：在調查期間，九月到十一月，我透過中間人找到一百二十幾個人，其中我聯絡了八十四位，真正見到面的有五十位。大部份面談都是約在對方的辦公室，有一些是約出來吃午餐，少數是吃晚餐，有一個是吃早餐！這個過程對我來說非常管用，我很期待接下來的新生活。

不論你幾歲，想成功找到工作，都需要像這樣的毅力。繼續下去，繼續下去，繼續下去，在求職路上花費比其他求職者想像中更多的時間與努力，因為你內心知道，只要有一間公司願意不抱偏見，就能看見你真正的價值。

4. 退役軍人。另一個雇主常見的偏見是不喜歡雇用退役軍人。根據近來的報告，有四十四％退役軍人覺得自己在軍中學到的能力與訓練不受雇主尊重。唉，事實就是：有些雇主（雖然只是一部份）對於退役軍人就是有偏見，他們看太多講創傷後壓力症候群的新聞，無視現實中有八成退役軍人都沒有這方面的困擾。幸好，還是有其他雇主知道這一點，甚至抱有另一種偏見，特別喜歡雇用退役軍人。

5.有前科的人。下一個雇主常有的偏見：不愛雇用有前科的人。無論你遇上哪種偏見，都可以在網路上以關鍵字搜尋，你會找到一些很有用的建議、策略、資源，以及能夠幫助有前科者就業的機構。

6.病史（精神科或身心科）。下一個常見偏見：不雇用有心理疾病病史的人。根據《時代雜誌》，在二〇一四年，十九％美國成人患有某種心理疾病。當然這不表示他們都必須住院治療，但這些人面臨的狀況都很嚴重，[36]其中有些人或許已經成功克服疾病。我前面說過的大原則，這裡也還是適用，雇主需要問的問題只有：「這份工作需要什麼樣的能力？這位求職者擁有這些能力嗎？」還有「這個人能和其他同事共事嗎？」雇主不雇用曾患心理疾病的人，是偏見而不是缺陷，求職者要做的就是繼續尋找，直到遇上沒有這種偏見的雇主。

36《時代雜誌》，二〇一五年三月十六日，頁二十四。

7. 其他。很難舉出哪個族群完全不會面臨某些偏見。因為雇主也是人，各有不同的個性，也具有做為人的缺點，包括偏見。雇主之間的差異非常大，有個性好又親切的雇主，也有完全相反的。我個人會多想想那些我遇過的好雇主以尋求安慰，他們是人類之光。我最近收到一位求職成功的人[37]來信：

面試的時候，雇主告訴我：「我對時間的安排很彈性，希望讓每個人都安排到最能好好發揮的事。不過這表示有幾個星期你要排三次晚班，如果這樣排有任何問題，你一定要告訴我，因為我可以調整。我也認為人要保持在最好的狀態，才能全心投入工作。所以，如果你覺得壓力很大，希望你可以告訴我。昨天正好就有一個員工來跟我說：『我現在好崩潰！』所以我陪她坐下來，我們一起調整了一些事情。說到這個，我們公司也非常重視團隊向心力。如果有誰因為家裡有事無法排某一個班，希望每個人都要願意幫忙分擔。不過，你也要知道，在這裡的每一個人也都願意為你做同樣的付出。還有，我們壓力很大的時候常常會瘋瘋的。」我一聽就知道這就是我要的地方了……

最後一項缺陷：害羞

整個求職過程中，什麼事最可能讓你完蛋？哪一種缺陷是缺陷之王？害羞的名次絕對很高，不管你習慣什麼講法：自信心低落、害怕、焦慮、緊張、盜汗，總歸一句就是害羞，每個階段都會緊跟著你。通常我們這些失業的人，透過網路（連線遊戲、應用程式、臉書、LinkedIn、推特、Instagram、還有其他社群媒體）和沒有面目的陌生人交流時，簡直就是溝通大師，但是一旦要和別人面對面，就突然變得畏畏縮縮。

害羞。很多人從來不會想用這個詞來形容自己，但是調查顯示，有七十五%的人，都曾在生命中某個時刻因為害羞感到非常痛苦，有些人現在還是深受其害。我的歐洲朋友聽到這件事都很驚訝，因為在他們想像中，美國人都很我行我素、果斷積極之類的。當然，有些人確實是這樣，但是大部份人其實不是，尤其是在自己失業又必須坐在桌子前和雇主面談的時候。我自己人生中就有很多時候深受害羞所苦，出乎很多人的意料。

所以說，如果你很害羞，覺得自己沒有辦法應付求職過程中的社會交流，該怎麼辦呢？我有一個答案和一個管用的辦法。首先要來講古。

37 名叫凱菈·迪維托（Kayla DeVitto）。

已故的約翰·克里斯托（John Crystal）常常遇到這個問題，後來他認為，治療害羞的方法就是熱情。舉例來說，如果你和某人談話時，很熱情投入那個話題，就會因為興奮而忘記害羞，一切完全取決於你談論的話題，還有你對這個話題的感受。

所以他說，如果你很害羞，就要去找一份你真正充滿熱情的工作。你要找的資訊，都必須是你真的很熱誠想知道答案的，然後一步步做下去。

克里斯托由此發明實用的三步驟行動計劃，解決求職者的害羞心理。遵照克里斯托建議的人，有八十六%的機率克服害羞和恐懼，成功找到工作。

丹尼爾·波羅繼承克里斯托的系統，再加以調整。他認為克里斯托指的是三大類面對面談話，如同我在第四章提過：

◇ 求職面談。
◇ 求職面談之前很重要的一步：為了獲得資訊而訪談，即諮詢面談，也是求職面談的暖身。
◇ 在這之前則需要做模擬面談，算是諮詢面談的暖身。

每一種訪談都是在為下一種做準備，這樣一排出順序，你就有了三個步驟的計劃，幫助你克服害羞。

波羅是歐洲頂尖的職涯專家，有好幾十年的資歷，他把這套計劃設計成漂亮又簡潔的圖表，取了名字，現在已經非常知名：「PIE方法」，幫助世界各地幾千個求職者和轉職者克服害羞，順利求職。[38]

代號	樂趣：P	資訊：I	聘僱：E
訪談類型	模擬田調	諮詢面談或研究	工作面試
目的	習慣和人交談的過程，樂在其中；「滲透人脈」	瞭解你是否喜歡某個工作，再決定要不要爭取	想辦法得到你確定自己最想做的工作
你要怎麼去訪談	可以帶朋友一起去	帶朋友陪同或自己去	自己去
談話對象	任何和你有共通熱情的人，可以談論（對你來說）某個無關工作的主題	對方正在做你考慮要做的工作	有權雇你做理想工作的雇主
你要預約多少時間	十分鐘（不要超過時間，和對方約在早上十一點四十五分見面有助你守時，因為很多僱主中午另外有約）	同上	同上（或者約十九分鐘，還是要注意時間，遵守承諾）

38 波羅曾經彙整這套系統，收錄在美國一九九六年出版的一本書，叫做《用PIE方法邁向成功》（*The PIE Method for Career Success*），由JIST出版。這本書目前已經絕版，但是亞馬遜、邦諾書店、Alibris二手書店都找得到二手書。也可以參考波羅很棒的個人網站：www.porot.com/en。

訪談目的	問任何和你們的共通熱情有關、你覺得好奇的問題	問你想知道關於這份工作或這個領域的任何問題	告訴對方你喜歡這間公司什麼地方、你在找什麼樣的工作
訪談目的（續）	如果你想不到，可以問： 1.你怎麼會有這個嗜好或興趣？ 2.最讓你興奮或感興趣的是哪一點？ 3.你最不喜歡這領域的哪一點？ 4.你還認識誰擁有同樣的興趣、嗜好、熱情，或者可以進一步解答我的好奇？ a.我可以去見他們嗎？ b.我可以提到是你建議我去找他們嗎？ c.我可以說你很推薦他們嗎？ 取得這些人的姓名和聯絡方式。	如果你想不到，可以問： 1.你為什麼對這個專業感興趣，一開始是怎麼找到工作的？ 2.最讓你興奮或感興趣的是哪一點？ 3.你最不喜歡這領域的哪一點？ 4.這個工作會面臨什麼困難或挑戰？ 5.要解決這些困難或挑戰，需要什麼能力？ 6.你認識哪些也在做相同或類似工作，但是在〇〇方面不同的人？ 取得這些人的姓名和聯絡方式。	告訴對方： 1.你喜歡解決什麼樣的挑戰。 2.你有什麼特殊能力可以應對這些挑戰。 3.你過去對於應付這些挑戰有什麼樣的經驗。
事後：當天晚上	寄感謝函	寄感謝函	寄感謝函

為什麼叫「PIE」？

P指的是模擬面談的步驟，克里斯托將這個暖身步驟稱做「模擬田調」，在波羅的系統中，P代表樂趣（pleasure），表示是為好玩而做的模擬面談。

I代表資訊（information），也就是為收集資訊而做的「諮詢面談」。

E代表聘雇（employment），也就是和有人事決定權的雇主面試。

要怎麼運用P的模擬面談步驟，讓自己習慣和別人一對一交談？

關鍵就在挑對主題，任何主題都好，無論再蠢再無關緊要，必須是你很喜歡和朋友家人聊起的話題。為了避免焦慮，最好不要和你現在（或規劃中）的職業生涯有任何關聯。效果最好的題材，反而是：

◇你很喜歡的嗜好，例如滑雪、打橋牌、運動、電玩等等。

◇任何你休息時間喜歡從事的活動，例如最近看過非常喜歡的電影。

◇你一直很好奇的事，例如天氣預報是怎麼做出來的，警察的工作是什麼。

◇你居住地的某個面向，例如一間新開幕的商場。

◇你非常關注的議題，例如無家者、愛滋病患、環保、和平、健康、退役軍人等等。

選擇聊天主題只有一個條件：必須是你很喜歡和別人聊的話題。選擇你一無所知但是非常有熱情去理解的主題，勝過你非常瞭解卻一講到就昏昏欲睡的題材。

認清自己的熱情所在，就要找到和你擁有同樣熱情的人對談。為了接下來的面試著想，這個人最好不是你已經認識的。使用黃頁、社群網站，或問問你的親友：你是否認識誰對這件事很有興趣？要找到符合你需求的人並不難。

如果你想聊的是滑雪，可以去滑雪用具店，或是找滑雪教練。如果是寫作，可以找在附近大學教文學的教授。如果要聊運動，可以找健身教練，或是從事物理治療的人。

找到某個可以分享熱情的人之後，就去和他們面談。

你和這個同好面對面時，第一件該做的事就是解除他們可想而知的戒心。每個人都接待過不速之客，這種人來了就待著不走，磨掉自己所有耐心，如果對方擔心你待太久，就會因為一直想這件事，沒辦法好好聽你講話。

所以，你和對方約見面時，要說只聊十分鐘。就十分鐘。結束。句點。你要像老鷹盯獵物一樣注意時鐘，用手表或智慧型手機的計時器控制時間，詳細方法可參見第四章。

好，那你見到對方之後，要聊什麼？不同的主題有不同的問題可以問，舉例來說，我喜歡看電影和電視，所以如果我遇到有同樣興趣的人，第一個問題就是：「你最近看了什麼電影或電視劇？」或者「你覺得冰與火之歌怎麼樣？」或者「你最喜歡的演員是誰？」等等。

如果是你熱愛也常常聊的話題，你就會知道要用什麼問題開頭。但是，如果真的腦袋一片空白，以下就是你的備案。有數千個求職者和轉職者曾用這些問題開啟對話，不管聊天主題是什麼都行得通。

叫出模擬面談對象的名字，問對方：

◇你最初怎麼開始做這件事／對這件事感興趣？（「這件事」指的就是你們最感興趣的嗜好、好奇心、領域、議題等等。）

◇你最喜歡這件事的什麼地方？

◇你最不喜歡這件事的什麼地方？

◇你是否認識其他也有同樣興趣的人，我可以去和他聊？

◇我可以提到你嗎？

◇我可以告訴他們是你推薦我去找他們聊嗎？

◇然後，從對方給你的幾個名字中挑一個，說：「好，我會先去找這個人聊。你可不可以幫我先跟他打個招呼，這樣我去的時候，對方才知道我是誰？」

還有，在模擬面談階段，帶個人陪你一起去完全沒有問題，最好是你覺得比你更外向的人。前幾次面談，你可以讓這個朋友帶領話題，觀察他是怎麼做的。

這樣一來，輪到你主導模擬面談的話題時，你通常會比較有把握該怎麼做。

不管是獨自赴約或有人陪同，都要反覆進行模擬面談，直到你能夠自在地和陌生人會面，並詢問對方你好奇的問題。

這整個過程，是讓你想辦法克服害羞，所以好玩正是關鍵。如果你覺得過程很好玩，你就做對了。當然，好玩的程度取決於你對話題的熱愛程度。

如果你覺得不好玩，就得繼續做下去，直到感受到樂趣為止。或許你必須見四個人，或許十個，或許二十個，感覺對了的時候你自己會知道。等到你覺得模擬面談的過程很自在，就表示你準備好進入下一個步驟「諮詢面談」了，這個面談的做法請參見第九章。

結論：自尊與自大

大部份人都知道，對待自己的正確態度叫作「自信心高」，但是自信是一門掌握平衡的藝術。在為自己設想得太少，還有設想得太多之間，要巧妙掌握平衡。

為自己想得太多，有一個名稱叫「自大」，我們在生命中某些時刻都曾陷入這種狀態，所以知道那是什麼感覺。有些人甚至曾在鏡中瞥見自大的嘴臉。

在各國文化，都有一些恐怖的故事，教訓我們避免自大，甚至有神話警告我們，看看希臘神話裡納瑟西斯過於自戀的下場。可憐的傢伙！

為了避免自大，很多人矯枉過正，掉入另一個極端，不敢宣稱自己具有任何價值、任何長處、任何特殊才華，深怕被扣上吹噓的罪名。逃離自大的我們落入另一個深淵，叫做「忘恩負義」，對生命、宇宙、神祇（不管你相信哪一種）賦予我們的珍貴禮物毫無感激。

所以，到底該怎麼用正確的態度面對自己的才能？如何用真誠、謙虛、感激的態度談論自己的才能，而不顯得自大？

這樣做就好：你對自己的才華看得越清楚，越要把注意力放在他人擁有的才華上。

你對於自己有多麼不平凡的感覺越敏銳，越應該感受到周遭的人同樣很不平凡。

你放多少注意力在自己身上，就要放更多在別人身上。

你越是反覆思量自己人生的奧秘，越要思索：你生命中遇見的每個人，包括你心愛的人、你的朋友、你遇見的人，甚至陌生人，都帶有這種奧秘。

有些人會告訴你「長太高的罌粟」理論，這套理論說明，人不應該在自己的領域中站得比其他人都高，鋒芒畢露。這話當然有道理，但是讓自己和周遭人一樣高的方式，不應該是壓低自己，而是要抬高其他人。

把注意力放在他人身上。你最好的朋友或伴侶最喜歡的能力是什麼？你知道嗎？你確定嗎？你問過他們覺得自己是什麼樣的人嗎？這一個星期內，你是否讚美過他們的這項才能？現在就做吧！

只要記住：稱讚自己不是罪，但是也要時時注意別人的優點，開口讚美。

成功是什麼？

常常笑，笑得很開心；

贏得聰明人的尊敬，孩童的喜愛；

獲得誠實評論者的欣賞，讓虛偽的朋友叛離；

能欣賞美；

看見每個人最好的一面；

讓這世界變得更好，留下一個健康的孩子、一片花園、改善社會狀況；

知道最少有一條生命，因你的存在而活得更輕鬆；

這就算是成功了。

——貝西・安德森・史坦利（Bessie Anderson Stanley, 1879-1952）

原為致愛默生（Ralph Waldo Emerson, 1803-1882）悼詞

第十一章　選擇／轉換職業的五種方式

第一種方式：網路

最近，大家想知道怎麼選擇或轉換職業的時候，第一個想到的就是網路。這很自然，因為網路上有很多有用的建議，更精確一點，O*Net Online 上很多，這是電子的線上資訊寶庫，隨時更新和職涯有關的資訊。

實際進入網站（www.onetonline.org/find 或 www.onetonline.org/search），你會看到建議職業（或職位）有以下幾種分類：人才需求最高的產業；綠能經濟產業；開出最多職缺的產業；科技、工程、數學相關產業；需要多少準備或培訓期；O*NET 職業標準分類碼；軍職分類（對應工等）；所需能力、所需專業知識；所需興趣、能力組合、工作價值觀、工作活動；你想在工作中實現的價值；需要完成的任務責任；使用的工具、科技、機械、設備、軟體等等。

鎖定想要進一步瞭解的職業以後，網站有一個特別開發出來的內容範本（www.onetcenter.org/content.html），每個職業都有十到十二頁的資料可以印。這套系統由美國勞工部製作，非常詳盡，但是同時也（我很不想這麼說）有很多侷限。最主要的侷限是這套系統的前身《職業別辭典》（*The Dictionary of Occupational Titles*）第四版收錄一萬兩千七百四十一種職業，O*Net 卻只有九百種左右[39]，他們的說法是，職業別辭典是因應工業時代，O*Net 則是因應目前的資訊時代。

總之，網站決定只收錄九百多種職業，許多職業類別沒有被列入，甚至隻字未提。[40]但你還是可以在這個網站找到不少有用資訊。

第二種方式：測驗

嚴格來說不算是「測驗」，比較正確的名稱是輔助工具或評估表，但我們還是用比較流行的講法吧。

我不確定這對你找到新方向的幫助多大，但是這種測驗到處都有：書上、網路上、學校的就業輔導室、職能心理師、求職教練等等，有些時候，這剛好就是求職者或轉職者需要的引導或參考。

但為什麼只是有時候有用？為什麼沒有一種神奇的妙計每次都管用？哈，這個問題很好！我已經看這些測驗幾十年了，可以分享一下：

我對測驗的六個心得

1. 你是獨一無二的，世界上沒有人和你一樣。正因為如此，沒有測驗可以完全測出你是誰，只能說你屬於哪一類人。

測驗會將人分成所謂族群、群體、家族等不同團體，只要是用同樣方式回答測驗的人，都會被歸類到同一個團體。所以，做完任何測驗之後，都別告訴自己：「我就是這個樣子。」不是，不是，測驗結果是你那個團體的樣子。

我生長在波利斯一家（很驚訝吧！），我們家的人都是「左腦」人，只有我是家族裡的異類，比較擅長右腦思考。幸運的是，我父親非常慈愛，覺得我這樣的特質很討喜。每次我告訴他，我如何用最迂迴的方式想通某件事，他總是真誠的暢懷大笑，給我一個大擁抱，說：「迪克啊，我永遠都沒辦法瞭解你。」測驗是指出你所屬的群體，不是你個人。所有測驗結

39 如果你想多瞭解這件事，維吉妮亞理工學院的羅伯特．哈維（Robert Harvey）對於 O*Net 的侷限做過學術分析，在搜尋引擎輸入「Robert J. Harvey Construct Validity」，點進第一個結果就可以看到。要瞭解 O*Net 近來有什麼更新，或提供什麼功能，可以參考 www.onetonline.org/help/new。

40 O*Net 自己也表示，資金有限是做出這種決定的重要原因。

果都只是形容，用來描述你的家族，也就是所有和你用同樣方式回答測驗的人，而非你本人，例如何倫碼ＳＡＩ家族、藍色家族、性格分類指標ＩＮＴＪ家族等等。測驗結果是精確描述某一類人的共通特質，但是這些描繪究竟是否符合你？要看你是不是家族中的異類，就像我的狀況一樣。這些家族特質可能反映出你的各種面向，也可能沒有。你可能每一方面都像你所屬的那一類人，也可能在重要的特質上有所不同。

2.不要事先預設你想要的測驗結果。保持開放的心，接收新資訊。

人很容易感情用事，希望測驗可以出現某種結果。我記得某次求職工作坊，我要求學員列出曾經住過的地方裡自己喜歡的要素，然後排出優先順序，以便找出新的理想居住地。有一位來自德州的女士個性很可愛，下課時間結束後，我問她做出的結果怎麼樣，她眼睛一亮，說：「我就一直排序，一直排序，直到第一名變成德州為止！」這故事之所以有趣，是因為她只是鬧著玩的，但如果你真的故意想讓測驗呈現某種結果，就沒有那麼有趣了。要接受測驗，就要對新的想法抱持開放的態度，如果你一直想要猜出測驗的邏輯，讓結果呈現某條你已經決定好的路，那麼測驗就不適合你。

3.作測驗的時候，你要找的是線索、靈感、建議方向，而不是「這就是你這一生要做的

事」這類百分百肯定的答案。

還要留意一點，網路測驗沒辦法像經驗豐富的心理學家或顧問所設計的測驗一樣精準，後者往往可以指出你自己看不見的特點。不過，你在聽分析或是讀測驗結果的時候，要時時記住：「線索、線索，我要找的只是線索。」

4. 不要只做一個測驗，多做幾個。只做一個很可能讓你走上錯誤的路。

在研究所學「測驗統計」的人都知道，測驗是充滿瑕疵、不科學、不精準的方法。有些時候，測驗比較像是在玩桌遊之類的，沒有什麼認真的意義。把你的未來押在測驗結果上，就好像無條件信任《綠野仙蹤》裡面那個窗簾背後的男人。

5. 好的職涯規劃是，先試著拓展自己的眼界，才逐漸縮小範圍，減少選項，不要一開始就想著縮小範圍。

不好的職涯規劃類似這樣：很多電腦上的測驗，概念都是先從一大堆選項開始，一步一步縮小範圍，所以你每回答一個問題，就把範圍縮小一點。舉例來說，如果你回答：「我不喜歡在戶外工作」，立刻就會把選項中所有的戶外工作排除掉。

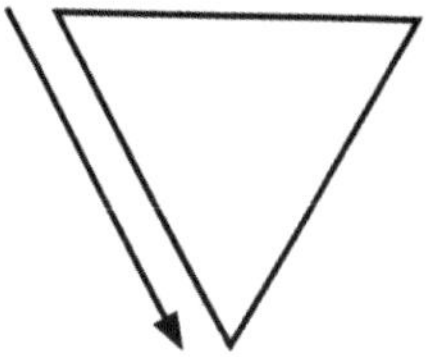

好的職涯規劃模型則比較像這樣：延後「縮減範圍」的步驟，第一步是拓展視野，擴充你內心預設的選項。舉例來說，假設你現在身在報業，你是否想過嘗試教學、繪畫、時尚產業？先讓心裡的想像更加寬廣，看見各種可能性，再縮減範圍，留下兩三個特別吸引你的主題。

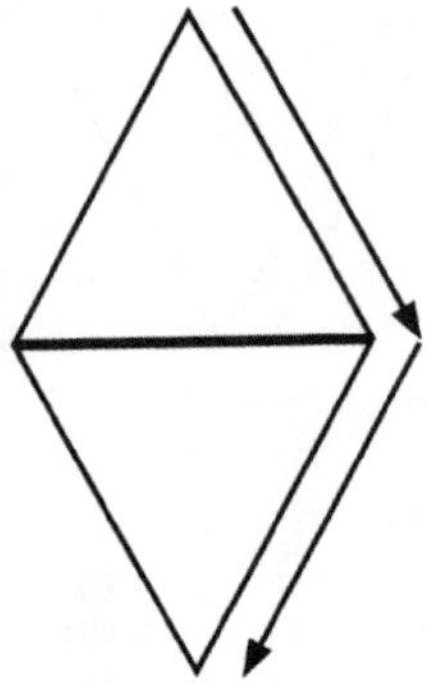

所以說，好的測驗是什麼？用一句話來形容，就是：讓你看見人生中新的可能性。

那不好的測驗呢？同樣一句話：把你人生中的可能性變得更少。會造成這種後果，往往是因為顧問對測驗結果的解讀，或說誤讀。

舉個例子：我遇過一個男人，多年前做了史氏興趣量表[41]，顧問告訴他說，這份量表會測出他的天賦或才能，根據他做出的結果，量表顯示他沒有任何機械技工方面的天份。這個男人告訴我，「我連槌子都不敢拿，怕會把自己敲成重傷。但是終於有一次，我家需要加鋁牆板，非常需要，但是我當時太窮了，沒辦法雇人幫我做。所以我就決定不管那個測驗結果，自己動手。我爬上梯子，覺得自己應該會摔下來，沒想到做這個非常好玩！我一生從來沒有這麼享受做一件事。後來我才知道那個顧問錯了，那份量表不會測出天賦才能，只是測你當時的興趣。今天要是讓我再遇到那個顧問，一想到因為他的錯誤解讀，毀了我多少年人生，我就想空手扭斷他的脖子。」

6. 對測驗的評價有好有壞。

一方面，你會遇到成功的男女，自稱在二十年前做了這個那個測驗，從此人生方向徹底改變，扶搖直上。另一方面，也有很多可怕的傳聞。

如果你喜歡測驗，可以自力救濟，網路上有很多免費測驗。如果你願意付費，職涯顧問也可以給你一些測驗，想要付費測驗的話，不妨去問問看。

不知道從何開始的話，可以先試試下面這些，是我個人最愛的測驗：

◇ 德威色彩系統（The Dewey Color System）：我知道這其實是個遊戲，但我還是很喜歡，老實說是非常喜歡。這套方法算是奠基於呂舍爾顏色測試（Lüscher Color Test），至少靈感是源自於此。德威色彩系統是免費的，需要花大概三分鐘完成大約二十三頁，測驗內容全都是顏色，你指出每一頁最喜歡（或最不喜歡）的顏色，就能測出對應的職業別。

◇ 約翰．何倫博士的職業自我取向探索：可以參見第八章的人際環境花瓣。

◇ 密蘇里大學的職業興趣遊戲：可以上 http://career.missouri.edu/career-interest-game，這是何倫職業自我探索的精簡版，跟我的「派對練習」差不多，但重新設計得相當精美。

41 參見 www.personalitydesk.com。

如果你還想要更多選擇，可以在搜尋引擎輸入「性向測驗」或「人格測驗」，會找到很多有用的資訊。

第三種方式：花朵習作

和網路之類的方式相比，這套方法沒有那麼熱門，因為需要花很多時間和很多力氣，我在第六章到第九章詳細介紹了（你說不定是直接跳看這一章，所以我還是講一下）。這種方式仔細、嚴謹、按部就班，要讓你找出像手套貼合手指一樣適合你的職業，也就是一般人常說的夢幻工作、人生志業。意志不堅或懶散的人不適合這種方法。但是如果其他方式都無法讓你找到感興趣的工作，或許最後你會很高興還有這條路可以走。我常常收到像這樣的信：

> 我受花朵習作的幫助非常大，做過那些功課之後，終於覺得有希望找到事業第二春……這些改變人生的習作真的讓我更瞭解自己是誰，更珍惜自己的才能，瞭解如何善用我擁有的資源。

所以，如果你還沒讀第六章到第九章，我在這裡快速總結一下用花朵習作找工作的步驟。

1. 做第八章的花朵習作，讓你對於自己有基礎的認識，藉此來尋找符合條件的工作。
2. 把你最愛的前五名應用能力和三種最愛的專業知識抄在一張紙上，進行第九章介紹的諮詢面談，找出符合你的花瓣裡那些特質的職業名稱。

3.過程中試著想想，如何在一份工作中結合三種最愛專業領域，讓你顯得比別人獨特。

4.接著和真正在從事你理想職業的工作者面談，「體驗」你暫時鎖定的工作，看看適不適合你。

5.從你想工作的地區（或你現在身處的地區）找出哪種公司有這樣的職位。

6.找出你感興趣、可以讓你發揮全力的公司。

7.最後先收集那家公司

拆解和建構適合你的職位

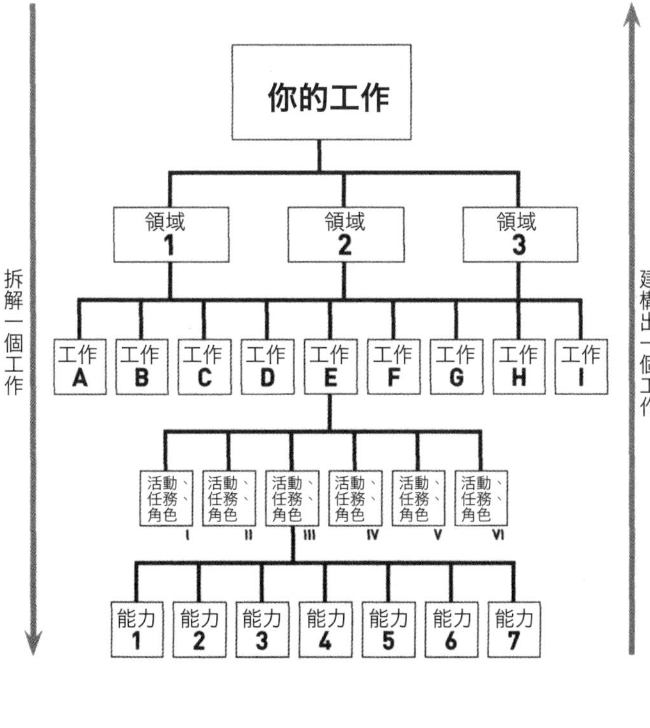

的資料，正式拜訪、或和公司裡的人預約面談工作機會（不管他們有沒有對外開出職缺）。

這整件事的精髓在於：回顧過去，把經驗拆解成最最基礎的「原子」，也就是你的能力，然後用你最喜歡的「原子」，重新堆砌出未來想要的工作，從原本向下拆解的反方向一步一步向上建構，如上一頁圖表所示。

第四種方式：兩步驟轉職法

這種方式不適用於找新工作，比較適用於想清楚接下來要怎麼走以後，從現有工作轉去另一個工作。對許多轉職者來說，這個概念很有用：轉職要花兩個步驟，不要想著一步成功。

具體來說要怎麼做呢？

好，先從定義開始：一份工作，就是在某個領域裡的某個職位。

也就是說，一份工作有兩個面向：職稱和領域。職稱是一種標誌，用來表示你所做的事。領域則是你做事的地點，或者做事的目的。

比較激烈的轉職往往企圖同時改變這兩個面向，也就是圖表中所謂「艱難的方式」。想

三種轉職方式的示意圖

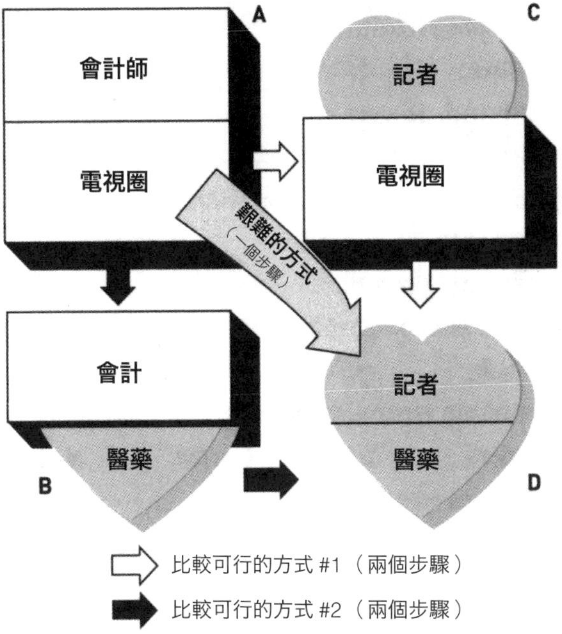

走這條比較難的路，會遇到的問題是你缺乏相關經驗。但是如果你用兩個步驟來做，啊哈！事情就不一樣了。

假設你正在某個電視台擔任會計，想要轉職成為追蹤最新醫學發展的記者。

如果你用艱難的方式，打算以一號身份：「電視產業中的會計師」進入就業市場，直接跳到二號身份：「醫療線記者」，要跨越的距離就很大。當然，有時候還是可以克服，靠著一點運氣，還有大量 LinkedIn、臉書朋友、推特追蹤者的牽線。

但是萬一行不通呢？

你可能就會遇到以下這個情境。

面試官：「嗯，我們瞭解你想成為記者了。你以前做過記者工作嗎？」

你回答：「沒有。」

面試官：「我也看到你說想要做醫療產業相關新聞。你以前待過醫藥界嗎？」

答案還是：「沒有。」

故事結束，你出局了。

換一種方式，如果你一次只改變領域或職稱其中一種面向，就可以說自己過去有相關經歷。

回到圖表，我們假設你從A到B到D，兩個步驟花費三年時間。

在你第一次移動（只改變工作領域），遇到的的面試官問：「你做過相關工作嗎？」你就可以回答：「有，我已經做會計師X年了。」

在第二次移動（這次變更職稱），遇到的面試官問：「你做過相關工作嗎？」你回答：「有，我已經在醫療產業待了X年。」

再換一個例子，假設在圖表中，你打算從另外一個方向，在三年內移動兩次：從A到C到D。

在你第一次移動（只改變職稱），遇到的面試官問：「你做過這類工作嗎？」你就可以回答：「有，我已經在電視產業待X年了。」

在第二次移動（這次變更領域），遇到的面試官問：「你做過這類工作嗎？」你就可以回答：「有，我已經做記者X年了。」

透過兩步驟轉職，每當你要移到下一步，都可以理直氣壯說自己有相關經歷。

不用說，你每一次受到雇用的機率也大大提升。

第五種方式：找出職場上需要什麼

如果運氣實在不好，用了前面四種方式，但都沒有成功，進退不得，覺得自己的需求和夢想漸漸枯萎凋零……

別擔心，還有第五種找工作的方式。這種方式不是奠基於你的需求或夢想，而是基於對未來十年職場需求的預測，從另一個角度切入：不是你想要什麼，而是市場想要什麼。

雖說是「預測」，其實也可以叫做熱門工作，不過我是你的話，會有所保留，不會就這樣認定。

這類清單有好幾十種（上網搜尋「熱門工作」就有），但是讀的時候要有自我判斷，最好不要輕易相信任何內容。「預測」只是把「猜」講得比較好聽一點而已。有些人決定哪些是「熱門工作」的方式，會讓你嚇得頭髮都豎起來。我知道，是因為我和列這種清單的人聊過，有時候他們把一個職稱排在前面，只是因為聽起來很新、很奇怪、很陌生而已。舉例來說，美國最常見的一種職業是卡車司機，但是從以下這份富比士的「熱門工作」清單[42]，你會知道這件事嗎？

1. 軟體開發（應用程式和系統軟體）
2. 會計師與審計人員
3. 市場研究與行銷專員
4. 系統分析師
5. 人力資源管理、培訓相關專員
6. 計算機系統與網路管理
7. 銷售代表（批發與製造、工程與科學）
8. 機械工程師
9. 工業工程師

美國政府也加入這個預測遊戲，當然，做得比較精細。在亞馬遜或邦諾等網路書店能找到《職業展望手冊》（*Occupational Outlook Handbook*），你可以按照職業分類、預計開出新職缺數、預計平均以上職缺成長率、所需教育或培訓等級、平均工資等等條件，瀏覽不同職業。噢，而且還有一個很棒的設計叫做「相似職業」，如果你很喜歡某種工作，卻缺乏那個工作必要的能力，這個功能就很有幫助。

結論：對求職者與轉職者的八個叮嚀

任何時候，你想要求職或轉職時，以下八個叮嚀最好放在心上（我知道很多項你應該早就知道了，就當作是備忘）：

1.你可以接觸任何對你來說很棒、很有趣的職業，但是要先和已經在做的人聊聊，以確定這份工作是不是真的這麼棒。問對方：你最喜歡這份工作哪一點？最不喜歡哪一點？一開始是怎麼入行的？最後一個問題乍聽之下只是基於好奇心，其實卻能給你重要線索，讓你知

42 〈二〇一三年的熱門工作前十名〉（"Top 10 Jobs for 2013"），富比士。

道有什麼管道可以進入這個產業。問對方是怎麼理解自己的工作，可以把工作拆解成哪些部份。**每個人看待自己職業的觀點都不同，因此不要以為對方的說法就是定律，你也必須照著作。在相同的職稱底下，往往有不少機動的空間，讓你按照最適合自己的方式調整、定義這份工作，以便更徹底發揮天賦和創造力。**例如，一位建築師和另一位建築師就可能用不同方式看待自己的職業。弗萊．奧托（Frei Otto）在二〇一五年三月過世之後獲追綬普立茲克建築獎，評審評語說：「他……體現一位建築師要研究、創造、發現形式、設計工程、著手建造、教學、合作、關心環境、關心人類，並創造出令人記憶深刻的……空間。」他的靈感汲取自「鳥類的骨骼、肥皂泡泡、蜘蛛網等各種自然現象」[43]。

2.從一份工作轉到另一份的時候，要確保生活在變動之中仍然有不變的部份。也就是說，不要一口氣改變全部，記住阿基米德那支假設性的長槓桿：給我一個支點和站立的地方，我就能用槓桿舉起整個地球。[44]在自己的人生產生變動時，需要一塊堅實的立足點，這個立足點就是你身上保持不變的部份：性格、信念、價值觀、天賦或應用能力。

3.如果可以，就從你自己開始，先想你要什麼，而不是就業市場要什麼、什麼比較熱門。這兩種選擇的差異在於「熱情」：你的熱情。你滿腔熱血的時候，對雇主會更有吸引力。或許你面對的時機真的很差，讓你暫時無法追求自己人生的夢想，但是有機會還是要盡力嘗試。

4. 對你來說最棒的工作，最能讓你快樂、有成就感的職業，會是：使用你最愛的應用能力，屬於你最愛的領域、主題、專業知識圈，在你偏好的人際環境與工作條件下工作，領取你偏好的薪資和其他報酬，朝你偏好的目標與價值邁進。要找到這種工作，需要先對自己有徹底的瞭解，詳細方法可參考第八章。

5. 你能夠為選擇新工作付出越多時間與力氣，能夠獲得的選項就越好。如果只求快、求不勞而獲，是會付出代價的。

6. 如果你比較年輕，在選擇的時候犯錯也沒關係。發明家巴奇·富勒常說，人類是世界上唯一主要靠犯錯學習的生物。你有比較充裕的時間去彌補錯誤的選擇。大部份人一生會換至少三種工作類別，八種以上的職位。

43 羅賓·波格賓（Robin Pogrebin）〈德國建築師弗萊·奧托獲普立茲克獎，於逝後公佈〉（"Pritzker Prize for Frei Otto, German Architect, Is Announced After His Death"），《紐約時報》，二〇一五年三月十日。

44 阿基米德（約西元前二三五年）是古希臘發明家、數學家、物理學家。這裡的引用並非原話，只是大概的意思。

7.選擇你喜歡的領域、找到新工作，這個過程應該盡量有趣。你越享受過程，越可能做出正確的選擇。要提升好玩的程度，可以拿一大張紙及一些色筆或原子筆，畫出一幅理想人生的圖像：你住在哪裡，和誰在一起，在做什麼，房子看起來怎麼樣，理想的假期怎麼度過等等。別讓現實遮蔽你的視線，不妨假裝有一支魔杖輕輕一揮，讓你擁有理想人生的一切。我知道你會說你不會畫畫，那你可以用一些標誌來代表不同事物，或是隨便塗個什麼，旁邊再附標籤說明——任何方法都可以，只要讓你的理想人生呈現在同一張紙上，畫得零零落落也沒關係。

這個練習的力量有時候讓我很驚訝。為什麼？因為避免用語言描述，盡可能改用圖像和標誌，能夠讓人減少使用左腦（喬治．普林斯〔George Prince〕稱之為「自我保護部份」），直接和右腦（「經驗感受部份」）溝通，右腦的任務就是因應改變。所以，在探索新的人生時，盡量做一些好玩的事來輔助。

8.最後一句提醒：如果你剛高中畢業，不要為了確保以後找到工作就去念某個科系！你不會因此找到工作。

真希望你們能看看我的電子信箱，裡面塞滿相信這個迷思的人寄來的訴苦信，他們去念看起來很棒的大學科系，拿到學位，以為彈指間就能找到工作，結果卻待業兩年還沒成功，景氣好壞都一樣。這些人有的很怨，每個都很生氣，覺得被社會欺騙，非常失落。他們空有大學學位，卻還是找不到工作，因此覺得上大學等於工作保障的說法非常諷刺。這幾年還有法律系的新聞，學生控告法律學院偽造畢業生的就業率。

為了避免這種代價高昂的錯誤，你必須把選擇職業的決定權握在手中，透過這本書的幫助，仔細瞭解想進的產業，確定自己喜歡，再拿相關的大學學位。念大學不是因為找工作有保障，而是因為你對這個領域真的有熱情、願意投入、有動力，也才能找到實現夢想的人生道路。

我不認為有哪一種

直擊心臟的戰慄

比得上發明家

親眼見到腦海中的創造

成功實現那一刻……

這種感覺能讓人忘卻

吃飯、睡覺、朋友、愛人、一切。

——尼古拉 · 特斯拉（Nikola Tesla, 1856-1943）

第十二章　如何創業

如果你求職不順利，可能會在某些絕望時刻升起一個念頭：乾脆不要去替別人工作，自己創業比較快。

有些人一直都希望不需要替別人工作，自己做老闆。根據調查顯示，將近八十%的工作者都考慮過這個想法。[45]人人有夢，或許你的夢想是：我要設立一個網站，教大家怎麼過環保的生活，維護自然環境；或者是：我想要賣珠寶；我想成立保全公司；我想開烘焙坊，賣自己烤的麵包和派；經營一家民宿；種薰衣草，賣薰衣草香味的肥皂和香水；成為顧問，用在業界累積多年的經驗幫助別人；我想要做不動產買賣……等等。

又或者你並沒有明確的夢想，只知道自己不想替別人工作，想要自己當老闆，你很願意接受任何方向上的建議。

45 而且每年有十%的工作者真的開始創業。

創業有大家說的那麼難嗎？

有些時候跨出這一步很容易，有些時候卻比登天還難。讓我們來看幾個歷史上真實的案例。

歷史案例 #1。AJ受訓成為物理治療師，在地區醫院輕鬆找到工作，但是他對於一直在室內工作覺得很焦躁，想要出去戶外。他思索自己有什麼資本：他是技巧很好的攝影師，也很會做家具塗裝潤飾，還很喜歡逛二手商店和跳蚤市場。所以，一開始，他先自學某段時期古董家具的相關知識，瞭解喜歡這類家具的人願意付多少錢買。然後，他每周逛當地的二手商店、跳蚤市場、房屋家具出清拍賣，巡視分類廣告，尋找以低於真正價值出售的家具，將之買下，運回自家車庫，潤飾整理，讓它煥然一新，再拍攝光線優美的商品照片，把照片和價格貼上分類廣告網站。他很專業，很快就因此出名，許多人蜂擁而來，買下他貼上網的每一件家具。他還列了一份清單，列出當地的常客，如果新找到可賣的家具，他就會在公開上架之前，先用電子郵件寄照片給常客。當然，經過整理的工夫，他賣出家具的價格比購買價來得高，不久他就為自己和家人賺得很不錯的生活收入，延續至今，而且他可以一直在室外工作。

歷史案例 #2。ＣＷ是全職主婦，有一個十幾歲的女兒。女兒參與的組織每年都會主辦一個活動，收集他們居住的小鎮上大家不要的東西。ＣＷ的女兒就是收集回收物的人。在某個預定的周末，組織會舉行全鎮大拍賣，把收集來的東西賣掉。這個活動為他們賺進一大堆錢，沒辦法賣的東西，他們就帶回家，慢慢想怎麼處理。女兒帶回來一百五十本書，他們暫時把書堆在客廳旁邊的房間。去他們家拜訪的客人會看到那疊書，說：「噢，這本書看起來很有趣，你們打算怎麼處理它？」答案是：可以賣給你。很快的，ＣＷ就在家裡經營起小小的事業，訪客會買走幾本想要的書，也常常把他們不想要的書帶來給她。不久，買賣的規模發展到不適合在家裡進行，於是ＣＷ租下市中心一家店面，把店名取作ＣＷ的二手書。她架了一個網站，公告她擁有的書籍類別、開店時間等等資訊，生意蓬勃。

歷史案例 #3。ＲＪ是一位退役軍人。她一開始找到的工作，是替一間大公司寫程式，漸漸地，她決定想要獨立。她選擇一個自己瞭解不少的領域，架設一個網站，用Google廣告和其他管道宣傳，不久，她的網站就變成想要該領域資訊的人必去的地方，她也賺得優渥的收入。

這些都是真實故事，我只把他們的名字換掉，以保護隱私。

你會馬上注意到，這些歷史案例有幾個共通點：

1.這些人不需要龐大資金來創業。

2.這些人不用事先研究創業，花大量時間確保一切可行。

3.三個人全都透過網路讓大家知道自己的商品、服務、專長。

4.沒有一個走創業的傳統途徑，像是購買經銷權，或是被那種廣告打得很大、往往吸引很多無業者的「在家工作」專案吸收成為會員。和過去相比，「自雇者」的面貌已經大不相同。

那麼，既然你現在在讀這一章，一定也在衡量要不要自己出去闖，創造自己的事業，自己當老闆。要從哪裡著手呢？

假如你對於要開創什麼事業毫無頭緒

第一個情境，假設你想要創業，但是沒有任何想法，要怎麼開始？以下四個步驟，所有仔細、明智的人都會忠實的執行：寫下來、讀資料、深入瞭解、取得回饋。

寫下來

1.從這本書的第八章開始，不要只是讀，跟著做！我在這本書強調過很多遍，「誰」優先於「什麼」。在決定「你要做什麼」之前，必須先對「你是誰」有很清楚的認識。**說到底，你決定要做什麼事，必定是奠基於你這個人是誰**。做完之後，觀察整張花朵示意圖，看看這些花瓣能不能給你創業的靈感。

2.拿一張白紙，寫下任何你想到的點子。完成其他步驟的過程中，只要想到什麼新點子，就寫在這張紙上，全部集中在同一面（因為要激發你的右腦思考，運用直覺）。

3.如果你還沒有履歷，接著就是寫一份履歷，回答第二章「撰寫履歷的新手包」裡面所有問題。完成之後，自己再讀一遍，看看是否產生任何創業靈感。有時候，你已經做同一件事做了很多年，只不過是在公司裡替別人做，現在，你可以考慮自己做同樣的工作，比方說獨立的會計師、推拿師、企業顧問、維修員、舞蹈老師、室內設計師、居家護理師、雕塑家、某種商品或服務的生產者或銷售者。如果你符合這項條件，可以把創業點子寫在剛才那張紙上。

4.如果沒有任何靈感，可以嘗試丹尼爾．品克的方法[46]：

46《自由業之國》，華納出版（Warner Books），二〇〇一年。

a. 列出你擅長的五件事。
b. 另外列出五件你最喜歡做的事。
c. 把前面兩張清單的交集部份列出來。
d. 看看第三張清單，問自己：「有誰會付我錢去做這些事？」

讀資料

理想上，經過這些思考和實作，你應該已經有想法了。最好能想出三種不同的創業方向，如果其中一種你真的非常想試試看，覺得自己對那件事充滿熱情，就先試那一種，然後是第二有趣的，然後是第三。

下一步是研究所有創業的好處與壞處。一頭栽進去之前，先想清楚！網路上有很多相關資源，也有許多書籍可供參考。

深入瞭解

假設到這個階段，你已經對於要做什麼事有一些想法。但你也知道，很多新創公司，無論有沒有使用網路，最後都沒有成功。你想避免和他們一樣失敗，所以你要和做相同事業的人談談，免得犯下和同樣的錯誤。探索的過程有三個步驟，總結成底下這個簡單的公式：

A－B＝C

解釋一下：

去找幾位同類型的創業者面談，瞭解若要讓創業想法付諸實現，需要哪些能力、知識、經驗，列在清單A。

然後，另外列一張清單B，寫出所有你擁有的能力、知識、經驗。用A減去B，得到的結果就是創業必需、但你不具備的能力。你需要找擁有這些能力的朋友、同伴，或徵召志願者和你合夥，或為你工作（至少一開始一定得找人幫忙），這就是清單C。

再講得更仔細一點：

列三張清單之前，先把你想要開創哪一種事業寫下來，所有細節都要寫，越詳細越好。你想當自由撰稿人、雕塑家、諮詢師、獨立編劇、廣告文案、數位藝術家、作曲家、攝影師、插畫家、室內設計師、錄影師、電影從業人員、製片、顧問、治療師、水電師傅、經紀人、肥皂業者、腳踏車師傅、演講人，還是什麼？

然後，去找已經在做這種工作的人面談，至少要找三個人。透過搜尋引擎、LinkedIn、黃頁、商會、各種手機應用程式，尋找面談對象。實際面談時，向對方解釋你考慮和他們一樣開展自己的事業，希望對方分享一點經驗談。問對方，如果要創業成功，哪些能力、知識、經驗是必需的。

近來大家偏好透過電子郵件訪談，我個人覺得這是很大的錯誤。無論什麼情境，面對面總是更好的方式。盡量找和你住在同個城鎮，開車一小時以內可到的對象。對方未必會把你視為潛在競爭對手，除非你們會在網路上正面交鋒。首先，你希望對方告訴你一些創業的經歷：如何開始、面臨過哪些困難、犯過哪些錯誤，面對面的時候，他們比較可能告訴你他們面對的挑戰、阻礙與陷阱，但用電子郵件就未必會談。相信我，你絕對需要知道這些資訊，才能避免重蹈覆轍（他們已經嘗試過行不通的路，你沒必要再走一次）。

你也要請他們幫你完成一份清單，列出他們認為做這一行需要的能力、知識、經驗。當你覺得這份清單夠完整了，就加上標題，叫做清單A。

回到家，坐下來，整理自己已經擁有的能力、知識、經驗，方法是做第八章「瞭解自己是誰」的花朵習作。把你這份清單也取個標題，叫做B。

現在把清單A減去清單B，得到新的清單，叫做C。C的內容就是你目前沒有、但創業必備的能力或知識——你可以去上課自己學，或是雇用擁有這些能力的人為你工作，或是找擁有能力的親友幫忙一陣子。

舉例來說，如果你發現需要良好的會計能力才能賺錢，但你一點也不懂會計，目前馬上能做的，就是去聘一個兼任的會計師幫忙。

以下這個案例能夠說明整個流程。當事人是一位女性求職者，原本在製作豎琴的公司工作，現在考慮創業，不只是在家生產豎琴，還要透過電腦輔助，自己設計豎琴。她和幾個在家做豎琴和設計豎琴的人談過，並做完自我評估，完成一份A－B＝C清單如下。

A − B = C

成功創業所需的能力和知識	我擁有的能力和知識	我需要卻缺乏的能力和知識，必須請懂的人來幫我
用工具和機械進行精密加工	用工具和機械進行精密加工	
規劃並主導整個專案	規劃並主導整個專案	
電腦程式設計，發明可以解決物理問題的程式		電腦程式設計，發明可以解決物理問題的程式
問題解決：評估為什麼特定設計或製程會失敗	問題解決：評估為什麼特定設計或製程會失敗	
自動自發、靈活應變、有耐心、堅持不懈、精確、有條理、細心	自動自發、靈活應變、有耐心、堅持不懈、精確、有條理、細心	
專業知識：電子學原理		專業知識：電子學原理
專業知識：琴弦的物理原理	專業知識：琴弦的物理原理	
振動的原理	振動的原理	
木材的特性	木材的特性	
會計		會計

假如她確實要投身這一行，成為獨立豎琴製造師和設計師，那她就已經知道自己需要但缺乏什麼：電腦程式設計、電子學原理知識、會計，也就是清單C的內容。她必須自己學得這些能力、設法請具有這些能力的朋友幫忙，或者雇用兼職人力。運用想像力，再加上失點血、留點汗，無論想做哪一行，你一定能找出自己的A－B＝C公式。

取得回饋

所以，你適合做這種工作嗎？只有你能回答這個問題，要問你內心深處的想法。你也可以上網搜尋「自我創業評估」之類的測驗，借助這些工具，判斷你是否適合。

最後一點：其實不應該讓我來講這件事，但是經過這麼多年的經驗，我必須說，**如果你有配偶或伴侶，請告訴對方你的想法，聽聽對方的意見，一起討論如果你創業，對方（而不是只有你）是不是也勢必要做出犧牲，弄清對方的想法**。如果你和伴侶共同分享生活，就沒有權力只憑自己的想法擅自決定。你的伴侶也必須參與抉擇的過程，不能在你已經下定決心之後才得知這件事。你有責任讓對方參與你每一個決定，愛就要這麼做！

在取得所有回饋之後，如果你決定真的想走這一行創業，就去試試看吧！別管那些一片好心但過度謹慎的親友。他們愛你，為你著想，你該感激這一點；但是話說回來，你只有這一次人生，你才是決定這一生該做什麼、不該做什麼的人。父母、小孩、好意的朋友等等，可以給你真誠的意見，但是他們沒有最終決定權。只有你和伴侶可以決定。

記住，在這個景氣復甦緩慢的時刻，嘗試任何（對你來說）新事物都需要很多勇氣。不過如果你記住下面幾點，一切就會比較簡單：

1. 嘗試新事物總是會有風險。我希望你的目標不是避免風險（不可能真的避免），而是事前確保你可以控制風險。

2. 前面說過，在開始之前瞭解風險的方法，就是先和已經做過的人聊，再衡量自己是不是還想嘗試。

3. 開始之前，準備好備用計畫，事先想好如果行不通的話要怎麼做，下一步要怎麼走。不要等到時候再說，拜託！現在就把備用計畫寫下來：「如果創業行不通，接下來我會這麼做」。

歷史案例[47]

有個男人決定開創事業。他知道自己會面臨三項困難：找幫手、開發客戶或消費者、拓展事業。

47 感謝我的朋友派翠克．史瓦德菲格（Patrick Schwerdtfeger），也是《自由業的行銷捷徑》（*Marketing Shortcuts for the Self-Employed*，二〇一一年出版）這本書的作者，提供我這個案例故事。

他知道如果走國際化路線，可以只用很少的資金，所以他上網搜尋，瞭解自己需要哪些幫手：網站設計、列印等等。他只要用需要的能力當作關鍵字，再加上「海外」、「工作」，從搜尋結果選擇需要的就好。

首先，他用這種方式架設網站，他決定要先讓每個逛網站的人信任他，再討論付費的問題。信任始於不向對方索取任何東西，所以，他（在心裡）把潛在客戶或消費者分成三種類別：新客人、回頭客、老顧客。他決定把一些內容免費給予第一次造訪的顧客，保留更有價值的內容給再度造訪的回頭客，不過這次當然就不是無償，他會要求對方給予資訊，也就是姓名和電子信箱。他把真正的商品保留給經常造訪的老顧客，讓對方瞭解他，信任他之後才做生意。

下一步，他去地區圖書館，並使用 ReferenceUSA 的免費清單，整理要寄出宣傳信的初步郵件清單，輸入電腦，用電子報平台 aWeber 設定好信件自動回覆系統。

他放上訂閱功能，讓大家加入他的寄信清單（訂閱是免費的，而且他保證訂閱者一年內每星期都會收到一則電子郵件的文章分享）。他把網站的連結放在每封電子郵件結尾。開始營運之前，他先整理出一份大綱，列出這五十二週會提供的內容。他不只找出潛在客戶可能會面對的問題，還有這些問題可能帶給人的痛苦，包括生理、精神、心理方面等等。在開始之前他先寫好三篇文章，然後每週都完成一篇，保持進度超前最早訂閱的客戶三週。他很快就發現，一個人要看到他的電子郵件七遍，才會記住他的想法，並把他視為專家。

他也學到，人最信任影像，聲音次之，圖片再次之，單純的文字最難取得信任。所以他在 iTunes 設置錄音節目課程，設置教學是在網路找到的，主要是來自 Youtube。

他運用任何可以想到的辦法，盡量善用社群媒體。他需要仰賴瀏覽量很大的網站，所以他上維基百科，找到最受歡迎的社群媒體網站列表，加入三四個最有名的網站，積極貼文，讓大家知道他的存在。每則貼文最後，他都會讓文章導引回他的網站。同時，他也持續學習經營社群網站的方法和小訣竅。

他在熱門線上論壇貼文，內容是關於他的專長領域。他盡量貼在最多人瀏覽的論壇上，要找到這種論壇，他在 Google 輸入他最愛領域的關鍵字，加上「論壇」搜尋，通常最熱門論壇網站都會出現在搜尋結果最前面，那就是他想去貼文的地方。他在論壇互動時，盡量都問有趣的問題，或提供有用的資源。

最後，他設立 Youtube 頻道，定期上傳三分鐘影片，他在廚房錄影，用的是拍賣時買到的普通錄影機。

他的事業非常成功。

附錄一　應對失業情緒的指南

引言

失業能夠對人的精神造成重大傷害。近來一份研究找來六千個求職者，每週接受訪談，最多訪談二十四週，研究結果發現：

> 很多工作者失業越久，越喪失信心。其中，失業者表示待業時間越長，沮喪的感覺越強，也越容易因為在求職過程中失利覺得沮喪。此外，相對花較多時間在求職上的人，生活滿意度比較低……這些結果顯示，失業時間越長，求職的心理成本就越高……過去研究發現，求職輔助服務可以穩定加快失業者回到職場的速度，一項原因就是此類服務幫助失業者克服求職伴隨的焦慮與沮喪。[48]

48 亞倫．克魯格（Alan B. Krueger）與安卓亞斯．穆勒（Andreas Mueller），〈失業潮時代的求職、心理健康、重新就業：以高頻率長期資料為證〉（"Job Search, Emotional Well-Being and Job-Finding in a Period of Mass Unemployment: Evidence from High-Frequency Longitudinal Data"），《布魯金斯經濟活動論文集》（*Brookings Papers on Economic Activity*），二〇一一年三月八日。

我知道這是真的，因為我有經驗。我人生中曾被解雇兩次，我記得每次得知這個爛消息時的感覺。我走出建築物，茫然無措，好像剛剛經歷嚴重的火車追撞事件。太陽很大，晴朗無雲；正是午餐時間，所以街上滿是開心笑著的人，看起來好像完全沒有煩惱。

我記得自己想著：「世界整個崩壞了，至少我的世界已經毀了，為什麼這些人還可以像是什麼事都沒有發生？」

我記得當時的感受，那份沉重的壓力，在失業後一週一週增強。當時我的狀態可說是沮喪、驚恐、絕望、沒有信心、覺得一切「就這樣了，無法改變」、憂鬱……隨便你怎麼講，總之，我非常不快樂。失業造成的打擊重創了我靈魂的根基，我必須知道怎麼應對這些感覺。

後來我發現，我的經驗並不特殊。就算不是絕大部分，至少也有很多人在長期失業時覺得疲憊沮喪。[49]我們最大的願望，就是擺脫這種沮喪的感覺。和幾千位求職者談過之後，我認為總共有：

十件能夠排解失業情緒的事

1. **盡量補眠**。如果晚上就是睡不著，可以利用白天小睡。睡眠不足更容易覺得憂鬱，也可能讓身體垮掉。

有兩種狀態很容易混淆：

第一，睡眠不足的時候，不可能覺得世界光明又快樂。

第二，覺得憂鬱的時候，不可能覺得世界光明又快樂。

所以這兩種狀態很容易混淆。多年來我接觸過很多求職者一開始覺得自己非常憂鬱，後來卻發現，他們之所以覺得憂鬱，是因為過度疲勞，或是兩者兼有。無論如何，不管睡眠時間長短，只要睡得夠，往往都能讓我們變得快樂一點、樂觀一點，讓我們感覺好一點，有的時候是好很多。

2. 失業的時候，可以做其他事來保持健康。許多求職者告訴我，他們發現以下這些事很重要：

◇ 規律運動，每天都要走路。

◇ 每天喝很多水（聽起來很蠢，但是我發現失業沮喪的時候我們常常忘記喝水，導致身

49 臨床上嚴重的憂鬱症通常有漫長的病史，需要醫學治療，尤其如果感覺到危險的衝動，例如想要自殺，一定要接受治療。如果你有這種狀況，可以尋求合法心理師或精神科醫師協助。

體脫水）。

◇ 盡可能少攝取糖份。

◇ 每天補充維他命。

◇ 飲食均衡（不要只是坐在電視前面狂吃垃圾食物）。

◇ 做到其他媽媽老是念我們的事。

3. 改變周遭的物質環境。我們所處的環境像一面鏡子，反映出我們對自己的感覺。如果周遭環境亂成一團，很可能也會導致我們憂鬱。失業的時候，可以下定決心過簡單的生活——或許其實我們早就想這麼做了。可以從這裡開始：每次拿東西的時候，注意要把東西拿到新位置放好，不要隨手丟在櫃子上，想著等一下再來收。晚上把衣服脫掉的時候，也不要順手把衣服丟在地板上，好好掛起來或是放進洗衣籃。還有，吃完飯之後，好好把碗盤放進水槽，剩下的食物放進冰箱。下定決心，做雜事的時候東西都要收好，比方說有螺絲掉了，拿出螺絲起子裝回去，最後要把螺絲起子收回工具箱或原本收納的地方。

只要決心每次都把東西收好，環境就會漸漸變得整潔，這樣對於提振精神有很大的幫助，因為環境反映出了更有活力的生活。

4.每天出門，好好走一段路。整天躲在洞裡（只是個比喻）只會讓我們心情更低落。每天出門看看綠樹（如果季節對了）、陽光、山巒、花朵、人群，對你的心有好處。

5.把注意力放在其他人和他們的困難上，不要只想著自己。如果失業期拖長，我們會開始有大把空閒時間，可以前往社區裡的機構當志工，服務比我們處境更慘的人。像是食物銀行、醫院、居住協助、幫助兒童的機構——尤其是幫助貧童或重度身心障礙的兒童。要找到這樣的機構，可以Google你居住的城鎮，加上你想要幫忙的困難當關鍵字，看看搜尋結果。如果在失業的時候下定決心幫助其他更有需要的人，就不會有那種被整個社會拋棄的感覺。

說到其他人，我們也可以重新認識老朋友，再次鞏固已經建立的友誼，不是因為朋友對求職會有幫助，而是因為他們對你來說是重要的人。有一位很有智慧的人叫做菲力普斯·布魯克斯（Philip Brooks），他曾經說世界上有兩種探索：一種是向外探索新疆域，另外一種是向內深入挖掘已經擁有的領土。如果你覺得沮喪，兩種都去做做看。

6.嘗試有趣的小冒險。通常我們住處的周邊都會有一些我們從來沒去過、觀光客卻會馬上去的地方。我在紐約市住過很久，從來沒有去過帝國大廈，在舊金山也住過好幾年，卻從來沒有去過舊金山動物園。你知道我要說什麼了吧。如果我住在這兩個城市，目前暫時失業，我會去看看自己從來沒去過的地方。不要再糾結於我們過去有多少損失了，把眼光放向未來。還有很多未知的世界等著你去認識。

7. 拓展心靈視野，學習新事物來應對情緒。如果你一直對某個主題感興趣，卻沒有時間深入瞭解，可以找一些相關資料來讀。失業的時候，最多的就是時間。如果想不到任何題材，人類的心智就是很好的主題，畢竟，你的心智現在正在努力想出我們下一步該往哪裡去。我們越瞭解它，越能治癒自己。要是你需要推薦書單，我會讀馬丁．賽利格曼（Martin Seligman）的所有著作，其中一本叫作《學習樂觀．樂觀學習》，有位書評說，這本書「保護我免於驚恐」，有幾章內容很棒，是關於如何處理憂鬱。也可以看賽利格曼另一本著作《生氣蓬勃：對快樂和幸福的新觀點》（*Flourish: A Visionary New Understanding of Happiness and Well-Being*）。如果你想研究如何增進記憶，可以看喬許．佛爾（Joshua Foer）的《記憶人人hold得住》。最後，假如你想多瞭解如何影響他人的心智，可以看羅伯特．席爾迪尼（Robert B. Cialdini）的《影響力：讓人乖乖聽話的說服術》。除了書以外，這幾位作者在Youtube上也有相關影片。

說到影片，網路上有百萬支免費的影片，你幾乎可以透過影片學習一切。此外還有影像節目、網路直播節目、錄音節目，各式各樣，只要在Google之類的搜尋引擎輸入「直播」，加上你感興趣的主題，就可以從搜尋結果中挑選你想看的。當然，還有書，從 Kindle Fire、Nook、iPad 這些電子書閱讀器或平板電腦的對應程式，或是從網路書店上，可以找到非常多電子書。

另一個值得你探索的主題，是我們周遭的世界。我非常喜歡萊斯．克蘭茨（Les Krantz）和克里斯．史密斯（Chris Smith）合著的《非官方美國調查：官方調查不會告訴你的美國》（*The Unofficial U.S. Census: Things the Official U.S. Census Doesn't Tell You About America*）。這本搞笑仿真調查裡我最喜歡的一條，和我第一個建議有關：「有三分之一的美國人都會在白天打盹。」沒錯！

8. 說出自己的感覺，向摯愛的人說，向親近的朋友說。這件事很神奇，只要把想法和感受說出來，尤其是說出我們不喜歡的，這些想法和感受就會失去宰制我們的力量。所以我們必須說出來，否則堆積在內心的情緒會潰爛滋長，這樣可不好。只是要注意，別選中愛講八卦的人，也別找容易不小心說溜嘴的朋友或愛人，你自己知道誰是這樣的個性。

9. 可以打沙包，甚至打枕頭，發洩自己內心的怒火。我不知道原理是什麼，但神奇的是，很多失業的人告訴我，這個方法真的幫他們排解掉一些憤怒。同時，這也可以幫我們從憂鬱中振作，沮喪和憤怒有時幾乎像是同一枚硬幣的正反面。如果生活周遭沒有健身房，可以自己在家裡造一個，只要把好幾個枕頭疊在床上，然後開始捶打枕頭，盡量用力，當然不要打壞手、手腕、手臂什麼的，通常都會有點幫助。我們是奇怪的生物。

10.每天列一張清單，寫出讓我們感激、開心、快樂的事。我們的心智有一種習慣，在失業的時候很致命，那就是每天花太多時間計較生活中的錯誤：別人犯了什麼錯、我們的處境有什麼錯，每件事都不完美。藉由列出讓自己感激的事，我們把注意力放在自己擁有的珍貴禮物上，不管是聰明才智、健康、愛，都可以。

如果想擺脫憂鬱，不要永無止盡的抱怨很重要；原諒所有過去發生在我們身上的錯誤很重要；還有一點很重要，如巴爾塔沙．葛拉西安所說：「習慣朋友、家人、認識的人身上的缺點……」我們都是人。我們都有能力把目光放向未來，不再執迷於過去。

附錄二　如何選擇求職教練或顧問

先決定你需不需要

這本書的讀者可以分成兩類。第一類覺得這本書正是他們所需要的，尤其是單獨做完第八章花朵習作的人。

第二類覺得自己還需要額外輔助，可能是在讀書的過程遇上困難，或者開始做第八章的練習，卻在某個地方卡住了，希望得到進一步的協助。

幸運的是，如果這本書還不夠，外面有很多人會很急切地想幫你找到工作或換工作。這些人有很多名字：求職教練、職涯諮商、職涯發展師等等，他們願意幫助你，只要你付費——這就是他們賴以維生的工作。費用可能按小時計（最好是如此），也可能要事前付清一大筆總額（絕對不推薦這種）。大部份稍具規模的城市或鄉鎮，也有免費或近乎免費的服務，不過很可能是團體進行，不是和諮商師一對一。

那麼，來談談這些收費幫助你的教練或顧問。其中當然有非常優秀的專家存在，真希望我可以說我推薦業界裡每個掛牌營業的人，但是……唉！真是的！並不是所有人都很優秀。求職諮詢這一行不太受到規範，雖然確實有某種認證機制，讓他們在名字後面掛一堆聽起來很厲害的頭銜，但卻無法真正幫助你判斷好壞。當然，對他們來說這些頭銜很重要，很多人是流血、流汗、流淚換來的，雖然我要很難過的說，也有些人是靠郵購或是上一個周末的課就取得頭銜。嘖嘖。不過，唉，我想其他領域應該也差不多，總是有人想要投機取巧。

我曾經想要解釋這些頭銜的意思，實在是一鍋應有近有的大雜燴，每年都有新的名稱出現。不過我放棄了，因為根據我四十年的經驗，九十九·四%的求職者和轉職者一點也不想管這些頭銜是什麼意思，他們只想知道一件事：你知不知道怎麼幫我找到工作？或者更精確一點說：你知不知道怎麼幫我找到理想中的工作——切合我的天賦、能力、經驗，讓我每天早上都充滿期待地起床，晚上開心睡去，知道我今天又幫助世界變得更好？如果知道，我會付錢給你，如果不知道，我就解雇你。

小心變成肥羊

所以，掰啦頭銜！讓我們從另一個基礎事實開始：所有教練和顧問基本上可以分成三類。

1.誠懇、有同理心、有愛心，而且知道自己在做什麼。

2.很誠懇，但搞不清楚自己在做什麼。

3.不誠懇，只想要騙你錢——收費高昂，直接定總價，事前付款。這類常常是所謂的經營顧問公司，而非個人經營的諮商師。

換句話說，你可能遇到親切熱情的人，也可能遇上蠢蛋和騙子。如果你想得到協助又不想白花錢，你的任務就是學習如何分辨這幾類人。

當然，如果有誰可以給你一份清單，列出哪些人屬於第一類，既誠懇又知道自己在做什麼，那就太好了。不幸的是，沒有人（包括我）有這種清單，從來沒有過。你必須自己做功課，在你選定的地區，親自拜訪對方。如果你太懶得花時間和力氣做這些功課，就必須承擔後果。

為什麼是你（而且只有你）可以做這種研究？呃，我們假設有個朋友推薦你去找某人，說他是很棒的教練或顧問，結果你去見他的時候，卻發現他令你聯想起你很討厭的哈利叔叔。爛透了！但是，只有你自己知道你不喜歡哈利叔叔。

這就是為什麼沒有人可以幫你做這項功課，因為真正的問題不是：「誰最棒？」而是「誰對你來說最棒？」多出來的那幾個字表示：你說了算。

另外，有些顧問公司專門針對經營者、有錢人或想賺大錢的人，這裡要特別送一句話給想找這種公司的人（這個警告是針對公司，不是單獨接案的顧問）。如果你是主管，很可能被任何你想像得到的詐騙當成肥羊，每年都會冒出新的詐騙集團。我和華盛頓的聯邦貿易委員會以及州檢察長合作多年，他們會把詐騙的細節描述給我聽，我也收集新聞報導、針對受害者的採訪。我希望可以直接告訴你哪些公司是詐騙，但這不是我的工作，你得自己研究。如果你考慮和任何公司簽約，先上網搜尋對方，針對任何公司的即時分析都找得到。如果你懶得研究，結果「中計」，讓我分享一句我「中計」時別人告訴我的話：「你錢被騙走了真衰，但你就是沒做功課嘛。」

好，回到其他的讀者：你面臨的困難應該是如何分辨1類和2類。如果閱讀本書的時候遇到困難，尤其是在第八章，要如何找到誠懇又知道自己在做什麼的顧問，給你一點幫助呢？

你想到的好主意可能會是：「好，我來看看波利斯的建議名單。」抱歉，這方法沒用。我幾乎不會推薦特定人選。你必須弄清這些人的底細，做好你的功課，自己研究，以下會教你怎麼做。

如何選擇好的職涯顧問

首先，要收集在你居住地的三個職涯顧問。

怎麼找到這些名字？有兩個方法：

第一，你可以從朋友那裡問到，看有沒有人用過這種服務。如果有的話，感想如何？如果是好經驗，那個教練或顧問的名字是什麼？如果你想先問對方幾個問題，再決定要不要簽約合作，可以怎麼連絡到對方？

第二，搜尋網路資源，看看有沒有在你家附近的。

取得三個名字之後，就可以出發貨比三家了。要和三個人都談過，再決定要和哪一個合作（或都不要）。

這種初步訪談會花多少錢？答案很簡單：在預約見面的時候，先問清楚。你有權利要求知道他們要為這場面談收多少錢。

有些人（數量還不少）不會第一次見面就收錢。某個我認識最聰明的顧問說過：「我不想在第一次見面就收錢，因為如果遇到合不來的客戶，就可以直接告訴對方我幫不上忙。」

但是，也不要預期大部份教練或顧問都不收你初步面談的費用！如果他們不收費，結果收到很多像你一樣的預約，他們就沒辦法賺錢維生了。

如果你不是找獨立的顧問，而是遇到一間公司企圖賣你「先付我錢」的套裝服務，我保證他們會讓你免費進行初步面談。他們計畫用這種面談「吸收」你（他們的用詞），賣你一個更貴的課程，甚至會叫你帶伴侶一起去（如果不能說服其中一個，至少還有另外一個機會）。

要問的問題

和顧問或教練當面談的時候，要問每一個人同樣的問題，問題列在以下的表格。帶本便條紙、筆記本，或智慧型手機，以便寫下他們的答案。

去過三個地方之後，你就可以回家，坐下來，舒服地放鬆，看看自己的筆記，比較一下。在筆記本畫一個表格幫助比較：

尋找好的職涯顧問

我問的問題	顧問 #1 的回答	顧問 #2 的回答	顧問 #3 的回答
1. 你們的課程是什麼？			
2. 由誰來諮詢？這個人做這一行多久了？			
3. 你們的成功率有多高？			
4. 收費標準是？			

5.事前要不要簽約？如果要，我可以看看合約，帶一份回家參考嗎？			

最後你要決定①三個都不想找，或是②想找其中一個（還要決定選誰）。

記住，要是你三個都不喜歡，不一定要硬選一個。如果是這種情形，可以再透過黃頁或其他管道挑三個名字，準備好筆記本，再次出發。可能需要多花很多個小時，才能找到你要的，不過你可以少花冤枉錢，求職和人生也少走冤枉路。

你看筆記的時候，很快就會發現，沒有什麼方便的辦法能夠協助你判斷求職教練答案背後的意圖。這種事需要你在面談時保持靈敏的感覺，不過以下有一些線索可以參考。

感覺不太妙，甚至真的很不妙的線索

◇如果對方讓你感覺他們每件事都會幫你做好（包括解釋測驗結果，決定測驗顯示你應該做什麼工作、該在哪裡工作），而不是讓你自己做大部份工作，他們只會以教練的身份在旁引導：

（扣對方十五分）

你要自己學習怎麼做；你知道，以後還會再度面臨求職的關卡，因為現在的世界就是如

此，求職是人類一生中反覆出現的活動。

◇如果你不喜歡這個顧問，那就結束了！

（扣對方一百五十分）

不管他們的專長是什麼，只要你不喜歡對方，就很難得到你需要的協助。我保證。合不合得來最重要。

◇如果你問這位顧問執業多久，對方面露不悅，或是給了一個模稜兩可的回答，例如「我在商業和職涯諮詢業界已經有十八年經驗」：

（扣對方二十分）

這種回答的意思可能是：他當過十七年半的肥料推銷員，加上半年的職涯諮詢經驗。你要追問：「你在這間公司工作多久，正式做職涯教練或顧問有多久？」你不會希望讓新手給求職者建議。對方可能會說這是「他們的業務實踐」，但真正的意思是，他們拿你當作……練習。

◇如果你問他們工作經驗，他們想用學歷或是證照來回答：

（扣對方三分）

學歷或證照只能告訴你他們通過某些資格考試，不過通常這些考試比較著重職業評估的專業，而非對於創意求職法的知識。

◇如果你問到公司的成功率，他們說不管是誰，全都成功找到工作：

（扣對方五百分）

他們說謊。我研究職涯諮詢企劃超過四十年了，自己參與過不少，也看過州政府和聯邦政府的紀錄，就連最成功的諮詢在狀況最好的時候，頂多也只有八十六%的成功率。根據紐約州總檢察長辦公室的報告，一間知名經營顧問公司在五百五十位客戶中，只成功幫助了三十八位（失敗率九十三%）。相反的，如果他們講得很清楚：「雖然公司成功率很高，但如果你在過程中沒有付出努力，就不保證能夠找到工作」，給這種顧問三顆星。

◇如果顧問給你看前客戶寫給他開心至極的信，但你想多瞭解前客戶的狀況，卻被打回票：

（扣對方兩百分）

以下是一封求職者的信，描述他去一間考慮委託的經營顧問公司遇到的事：

我問可不可以讓我和以前的客戶聊聊，結果感覺好像我是要求要見貓王，顧問開始結巴，給了我一百萬個不能見這些「滿意」客戶的理由，每個聽起來都很牽強。我們就這樣耗掉半小時，最後，他先離開，去請示他上司，也就是公司老闆。接著我就被請進老闆辦公室，聽他直接對我推銷。我們談了大約四十五分鐘，他一直企圖說服我使用他們的服務。我說我還沒準備好簽約，他就生氣起來，質問接待我的顧問：如果我還不打算委託他們，為什麼要帶我來見「委員會」？顧問宣稱我先前已經口頭答應簽約。老闆就轉向我，說我好像很三心兩意，他不想要和我做生意。我超震驚，他們把整件事顛倒過來，說得好像是我的錯一樣。我覺得很受辱。回想起來，這很像在跟中古車推銷員周旋，他們會用施壓和威脅的伎倆達成目的。您應該也想像得到，這次經驗是最讓我憤怒的一次。

◇如果你面對的是職涯諮詢公司，你問對方服務收費標準，對方給你一個特定的總額，必須在事前或開始後不久「預付」，一次付清或是短期分期付款：

（扣對方三百分）

這裡說的是公司，不是特定的顧問或教練。這類公司有一個最基本的問題，就是「好人」和「騙子」都用一樣的手法。好人採用這種方式是基於一種理論，認為如果你一次先給一大

筆錢，就會很認真參與企劃。騙子是基於如果你事先付了一大筆錢，他們就不需要花心思給你任何回饋，只要之後不斷找藉口推託就好。

問題是，乍看之下你完全沒有辦法分辨誰是好人，誰又是騙子；他們只會在拿到所有的錢之後，顯露出真正的本性。到那時候，你已經沒有任何合法管道要回你的錢，不管他們口頭做出什麼保證都一樣。[50]

我再重複一次：如果有公司要你簽合約並且事先付款，你無法辨認對方是善是惡，唯一安全的方式是不簽合約，只按照實際諮詢的時數付費。

我試過很多年，想要解決這個難題，讓好人得到公平的對待，但是找不到。所以如果你決定要事前付款，就要確保你賠得起這些錢。

如果你經濟有困難：鐘點顧問

50 有時候紙本契約（你如果遇到的是壞人，一定會讓你簽紙本契約，可能還會叫一起去的伴侶簽）會聲稱在某個契約明載的企劃截止日前，任何時間提供將近全額退費。糟糕的是，詐騙公司會竭盡所能對你特別好、特別殷勤、特別有幫助，從你跨進公司的那一刻，到截止日來臨為止。所以，在截止日到的時候，你就會讓它過去，因為你對目前的服務很滿意，預期接下來很多個星期也都會繼續如此。結果沒有。如果是詐騙公司，只要退費截止日一過，你就會突然根本見不到職涯顧問。打電話也沒有人接。你問自己：「發生什麼事了？」唉，朋友，發生的事就是，你已經付了全額，他們從你身上榨出能榨的每一分錢，現在，他們要拋下你繼續前進了。

大部份職涯教練或顧問都是按小時計費。根據他們訂定的費率，你使用服務幾小時，就付多少錢。每次諮詢，在最後一個小時根據費率付錢，就結束了。完結。你不會欠他們任何費用（除非你預約了卻沒有去）。如果你覺得已經獲得需要的幫助，隨時都可以不再去。

如果你負擔不起一對一諮詢的費用，可以問他們做不做小組諮詢，如果有，收費會低廉很多。而且，算是人生美妙的諷刺之一吧，如果你有機會聽聽小組裡其他求職者遇到的困難，這個小組帶給你的幫助，往往多過和顧問一對一諮詢獲得的幫助。並非每次都如此，但是很常發生。諷刺之處在於，便宜的服務反而經常幫助更大。

如果職涯顧問提供小組諮詢服務，不應該（再講一次）會有契約。費用應該在每次聚會最後付清，你如果覺得已經得到足夠的幫助，也該可以隨時退出，不需要付額外的費用。

有些職涯顧問會提供免費（或近乎免費）的求職工作坊，地點在當地教堂、商會、社區大學、成人教育中心等等，做為他們的社區服務或無償專業服務內容。我知道美國和加拿大許多地方都有這樣的工作坊，世界上其他地區也有。如果你經濟上有困難，又需要求職協助，可以問問看你的居住地有沒有這類工作坊，上面提過的那些機構就會知道。

如果地點是個困難：遠距諮詢或電話諮詢

從一開始，我們就假設職涯諮詢一定會面對面進行。你們雙方（顧問和求職者）一起在同一個房間，就好像職涯諮詢的近親：婚姻諮詢，甚至匿名戒酒會。

當然，求職者（有時）可能會在面試前一天用電話聯絡顧問，詢問一些面試小訣竅，或是假設面試官明天會問的問題。

現代做法有點改變，在某些案例中，職涯諮詢從始至終都只透過電話。有些顧問會說超過九十%的客戶從未和他見過面，就算有一天在路上偶遇也不會認識。我把這種方式稱作「遠距諮詢」或「電話諮詢」。

伴隨網路與網路電話的發明，我們見證了「距離的消亡」，換句話說，距離形成的阻礙已不存在。這個世界，如優秀的《紐約時報》專欄作家湯馬斯．佛里曼（Thomas Friedman）所言，實質上已經變成平的。

越來越多顧問或管理教練都做遠距諮詢，這種服務越來越好找，是好消息，也是壞消息。

為什麼是好消息？以前，假如你是住在小鄉村的求職者，全村人口只有八十五人，進村還要翻山越嶺，或者你距離任何求職顧問非常遙遠，那就只能說運氣不好。現在，不管你身在世界的任何角落，只要有網路，就能找到最好的遠距諮詢服務。

那壞消息是什麼？

顧問或教練提供遠距諮詢或電話諮詢的服務，不代表他們擅長做這件事，有些人做得很好，有些人不好。所以，你還是必須仔細研究想找的遠距顧問。

對顧問來說，在做遠距諮詢時偷懶太簡單了，例如邊聽你講很長的個人經歷，邊看報紙等等，只維持最低限度的注意力。當然，現在 Skype 一類的視訊軟體越來越普及，或許可以改善這種狀況。

你要謹記：雖然遠距諮詢聽起來很吸引人，對某些人甚至是必要手段，但這種方法還是有侷限。

對山頂洞人來說，讓這種事成為可能的二十一世紀科技，一定讓他們吃驚得下巴都要掉了。但是，好的職涯諮詢不能只靠科技。真正令人吃驚的，是我們在這世界上彼此相助的力量，這種力量是源自每個人想要成為更好的人、更有愛的人，而非（雖然也很重要的）技術或科技。

結語：作者註記

有些讀者以為這本書是一整個團隊寫的。不是，我連秘書也沒有。我獨力完成這本書的研究、寫作、排版，後期有出版社的朋友幫忙。我每年修訂這本書四十六年了，有人告訴我這已經創下出版界的記錄。常有人問我：你有沒有覺得厭煩的時候？嗯，或許在二十五年前早早退休也不錯，但那實在不是我的個性。我喜歡幫助別人，每年我都會學到覺得可以幫助人的新事物，所以我必須繼續寫。例如今年我都在研究失業市場、機器人科技、物聯網、經濟，和其他幾個議題，我為 LinkedIn 寫稿（我是他們的「影響力達人」之一），我也為美國退休人員協會的《重新想像人生專案》（*Life Reimagined Project*）寫稿，還有澳洲的 kikki.k 專案。我很喜歡做這些。

但是這本書的重點不在我，而在你們，你們才是這本書的主角。是你們努力奮鬥以求生活順遂，告訴我成功（與失敗）的經驗，富有創意，告訴我如何解決我困擾已久的求職或轉職問題。

我知道這本書對每位讀者有很多要求，就像生命對我們也有很多要求。我很驚喜的發現，超過一千萬名買過這本書（任何一版）的讀者之中，竟然有這麼多人願意坐下來努力完成第七章和第八章的自我剖析習作。

在我的生命中，我學到生活的秘訣不是要把目標設為快樂生活，甚至不是要追求成功的人生（社會上所謂的「成功」），而是要過勝利的生活，直面人生拋到路途上的阻礙與挑戰，用意志、決心、神的恩典克服萬難。在過程中找到愛的人更加幸運。我想引用一位因漸凍症瀕臨死亡的女士說過的話：「從這一切，我學到唯一真正重要的是愛。如果你活在愛裡，其他事都會逐漸上軌道。」

要是沒有這本書，還有臉書之類的社群網站，我就不可能遇見你們，不可能認識這麼多勇敢的靈魂，你們遇見、承受這麼多挫折，我知道如果換做是我，一定會徹底被擊潰。我不只是感謝讀者，更欣賞我的讀者。你們是我的啟發。

關於作者

理查・尼爾森・波利斯（Richard Nelson Bolles），暱稱迪克・波利斯（Dick Bolles），是門薩俱樂部、美國人力資源管理協會、國家簡歷師協會會員，文章散見《時代》、《紐約時報》、《商業週刊》、《財星》、《金錢》、《快公司》、《經濟學人》、《出版者周刊》等報章雜誌，上過「今日秀」、CNN、CBS、ABC、PBS等美國各大媒體，曾任數百場研討會的主講人，包括美國訓練發展協會與國家生涯發展學會主辦的活動。

本書為全世界最暢銷的求職書，受《時代》雜誌選為「一九二三年後百大非虛構經典」、美國國會圖書館圖書中心選為「二十五本改變人類生活的重要著作」。本書亦是《紐約時報》排行榜暢銷書，曾上榜逾五年。過去四十餘年來，波利斯每年修訂本書，總銷售量超過一千萬本，被譯為二十種語言，在二十六個國家流通。

波利斯曾於麻省理工學院受化學工程訓練，並在哈佛大學以優等成績畢業，取得物理學士學位；於紐約市聖公會總會神學院取得神學碩士；曾獲三個榮譽博士學位。二〇一七年逝世。

個人網站：www.jobhuntersbible.com; www.eparachute.com

臉書：www.facebook.com/dick.bolles.1

LinkedIn：http://tinyurl.com/k68ujjc

推特：http://twitter.com/@ParachuteGuy

你可以不遷就

你的求職降落傘是什麼顏色？教你探索個人職涯、化劣勢為優勢的不敗求職指南

WHAT COLOR IS YOUR PARACHUTE? 2017: A Practical Manual for Job-Hunters and Career-Changers

作者　理查·尼爾森·波利斯（Richard N. Bolles）
譯者　方慈安
總編輯　汪若蘭
執行編輯　陳思穎
行銷企畫　許凱鈞
發行人　王榮文
版面構成　張凱揚
封面設計　張巖
出版發行　遠流出版事業股份有限公司
地址　臺北市南昌路 2 段 81 號 6 樓
客服電話　02-2392-6899
傳真　02-2392-6658
郵撥　0189456-1
著作權顧問　蕭雄淋律師
2017 年 12 月 30 日　初版一刷
原價新台幣　380 元

ISBN　978-957-32-8186-3
遠流博識網　http://www.ylib.com　E-mail: ylib@ylib.com
（如有缺頁或破損，請寄回更換）

Published in the United States by Ten Speed Press, an imprint of the Crown Publishing Group,
a division of Penguin Random House LLC, New York.

Brain icon on page 221 by Wes Breazell, Guitar icon on page 221 by Hum, Stethoscope icon on page 221 by Ralf Schmitzer, Light bulb icon on page 221 by AB, Scale icon on page 221 by Edward Boatman, Heart icon on page 221 by Maria Maldonado, Singing icon on page 221 by Creative Stall, Earth icon on page 221 by Joao Proença, Praying icon on page 221 by Cristiano Zoucas, Rest room icon on page 221 by lipi, from thenounproject.com.

國家圖書館出版品預行編目 (CIP) 資料

你可以不遷就：你的求職降落傘是什麼顏色？教你探索個人職涯、化劣勢為優勢的不敗求職指南 / 理查 . 尼爾森 . 波利斯 (Richard N. Bolles) 著 ; 方慈安譯 . -- 初版 . -- 臺北市 : 遠流 , 2017.12

面 ;　公分

譯 自 : What color is your parachute? 2017 : a practical manual for job-hunters and career-changers

ISBN 978-957-32-8186-3(平裝)

1. 就業 2. 職業輔導 3. 生涯規劃

542.77　　　　　　106022683
